이 세상 최초 짧은시 기호시

The first brief ideographic poem in the world

이 세상 최초 짧은시 기호시

정성수 시선집

이 시집을 위대한 어머님과 마누라에게 바친다

月刊文學 출판부

| 시선집을 내면서 |

그동안 출판한 12권의 시집 중 『세상에서 가장 짧은시』와 기호시 시집 『기호 여러분』 두 권에서 뽑은 시선집을 펴낸다.

『이 세상 최초 짧은시 기호시』,

이 시선집이 내 우스꽝스러운 생애의 작은 기념탑이 되기를…!

2024년 11월 3일 10시 53분

칠읍산자락에서

불문(不文) **정성수**(丁成秀)

| 머리말 |

이 시집 『세상에서 가장 짧은시』의 원본은 지난 1980년대 초에 기획되고 씌어졌다.

그 당시 대학 1년 후배인 박정만 시인에게 시집 내용(원고지에 정리된)을 보여주었는데 그는 작품들을 살펴본 뒤 다짜고짜 화를 벌컥 내었다.

왜 갑자기 화를 내는지 그 이유를 그는 말하지 않았고 나 또한 그에게 그 이유를 묻지 않았다.

그 때로선 일종의 '실험시'였는데, 그 점이 고전적 서정시인인 그에게 일종의 거부감(?)을 불러일으킨 게 아닌가 하는 짐작을 할 뿐이다.

하여간 얼마 뒤 나는 그 시집 원고를 폐기처분해 버렸다.(오래 전에 작가 황순원 선생께서 말린 적도 있지만 나는 시든 소설이든 마음에 들지 않으면 수십 편이든 수백 편이든 상관없이 자주 없애버린다)

그로부터 아주 오랜 시간이 지난 뒤 일부 변형되고 걸러진 형태로 이 시집을 세상에 내놓게 되었다.

이 작은 시집이 요즘 지나치게 산문화되고 요설화되고 잡문화돼가고 있는 한국시의 쓸쓸한 유행적 흐름에 대한 하나의 반어적 몸짓으로 읽혔으면 좋겠다.

이 가공할 문명화시대에 우리에게 진정으로 필요한 것은 영혼의 '르네상스'이다.

기원후 2009년 1월 1일
대한민국 일당산 곰지기계곡에서
불문(不文) 정성수(丁成秀)

| prologue |

The original of this collection, 『The Shortest Poem on the Earth』, was conceived of written in the early 1980s. At that time, I showed my poems in manuscript form to my junior, Jung-man Bak, but after reading them, he got angry. He didn't tell me the reason why he was angry, and I didn't ask him.

I can only guess that perhaps to a classical lyric poet such as himself, my 'experimental poetry' idea brought about some sort of disapproval.

Anyways, after some time, I threw these poems away. Although along time ago, Sun-won Hwang advised against throwing these things away, I often throw away my works, poems or novels if I don't like them, even if there are hundreds.

It has been long time since then, and I am finally publishing this collection —some are transformed and filtered from the original. I wish these poems would be read as an ironic gesture against these Korean solitary fashionable flow-becoming prose and garrulity.

It is a 'renaissance' of soul we truly need in these difficult times.

Sung-soo Chung

Valley of Mt. Gomjigi, Ildangsan

Republic of Korea

January 1, 2009

차례

기호시 시집 『기호 여러분』 2

1

세상에서 가장 짧은 시

섬

나

Island

me

인생

즐거운 깃발

Life

A joyful flag

나에게 부치는 최초이자 최후의 편지

?

The Letter I Send to Myself for the First Time and the Last

?

짧은 세상 길게 살기

…네!

To Live Long in a Short Life

…Yes!

신발

지구는 나의 신

Shoes

The Earth is my shoes

아침새

신의 목소리

Morning Birds

Voice of God

우리가 그리워하는 우주의 얼굴

O

The Face of Space that We Miss

O

첫눈

숫처녀의 오르가슴

The First Snow

Orgasm of virgin

가슴 속 비는 어떻게 내리는가

How Does the Rain Fall in Your Heart

가진 게 없으므로

가진 게 없으므로 우리는 가볍다

날자, 날자, 날아오르자

Because We Have Nothing

We are light because we have nothing

Let's fly, let's fly, and let's fly up!

한 단독자의 생애

떠돌이별

A Loner's Life

A roaming star

작은 슬픔

겨울 바람 속 번득이는 아내의 흰 머리칼

Small Sadness

Glinting gray hairs of my wife in winter wind

시지프스의 탈출

ㄷ

Escape of Sisyphus

ㄷ

행방 찾기

나는 그대의 어느 곳에 숨어있지?

Looking for Tracc

Where am I hiding inside you?

작은 별

하느님을 들여다보는 우주의 눈빛

A Tiny Star

Eyes of the universe looking into God

낙엽

혹성 위로 내리는 가을 비

Falling Leaves

Autumnrain that is falling on the planet

기원후 1950년 6월 25일

끝나지 않은 이별

AD June 25, 1950

A farewell without end

* On June 25, 1950, the Korean War started.

그대 뒷모습

¡!

he Sight of Your Back

¡!

4월

아무도

꽃의 슬픔을 노래하지 않는다

April

Nobody

sings of a flower's sorrow

나의 새

저 우주 속으로 날아간 새

지구별 위로 아직 돌아오지 않았습니다

My Bird

The bird which flew into space

has not yet returned to the planet of Earth

지상의 시인

지상의 시인은

아니다, 시를 쓰는 것이

그는 다만 하나의 낯선 우주를 꿈꾸고 있을 뿐

Poet of Earth

No poet of the earth writes poems

but just dreams of a strange space

우리들의 사랑법

긴 포옹

짧은 키스

오랜 이별

Our Ways of Love

A long embracement

A short kiss

A long good-bye

옛사랑의 추억

빈 레일

Memories of Past Love

Empty rail

친애하는 예술가에게

고독하라, 고독하라, 다시 고독하라!

Dear Artists

Be solitary, be solitary, and be solitary!

허공 속 두 사람

쓰

Two People inthe Empty Sky

쓰

슬퍼하지 맙시다

그래요

다 지나간 일입니다

Let's Not Be Sad

Yes,

Everything is in the past

그대와 나

(　　　　　)

You And I

(　　　　　)

다시 아우 일수에게

아우야, 보렴

저 낯선 지구 위에 눈이 내리지 않니?

가자, 그 하아얀 숲으로 가자

Again, to My Dear Brother, Il-su

Look, my brother!

Doesn't the snow fall on that strange Earth?

Let's go, let's go to the white forest

위험한 여자

∀

Dangerous Woman

∀

고독한 한 사내의 일평생

、 。 ·‥…¨ 〃 -― ∥ ＼ ∼
「」『』【】±×÷≠≤≥∞∴°′″℃Å ￠ ￡ ￥♂♀∠
⊥⌒∂∇≡≒§※☆★○●◎◇◆□■△▲▽▼→←↑↓↔〓≪≫√
∽∝∵∫∬∈∋⊆⊇⊂⊃∪∩∧∨￢ ⇒⇔∀∃´～ˇ˘˝˚˙¸˛¡¿ː
∮∑∏¤℉‰◁◀▷▶♤♠♡♥♧‘’“”
〔〕〈〉《》

The Life of a Solitary Male

、 。 ·‥…¨ 〃 -― ∥ ＼ ∼
「」『』【】±×÷≠≤≥∞∴°′″℃Å ￠ ￡ ￥♂♀∠
⊥⌒∂∇≡≒§※☆★○●◎◇◆□■△▲▽▼→←↑↓↔〓≪≫√
∽∝∵∫∬∈∋⊆⊇⊂⊃∪∩∧∨￢ ⇒⇔∀∃´～ˇ˘˝˚˙¸˛¡¿ː
∮∑∏¤℉‰◁◀▷▶♤♠♡♥♧‘’“”
〔〕〈〉《》

촛불 켜는 여자

스스로 새벽이 되는 여자

A Woman Who Lights the Candle

A woman who becomes dawn by herself

인연

그대가 풀 수 없는

나 스스로도 풀어지지 않는…

Fate

You cannot untie,

And I cannot unfasten myself…

가장 큰 죄

아무도 사랑하지 않은 죄!

The Biggest Sin

I love no one!

술꾼

슬퍼하는 자

A Drunkard

A man who grieves

가장 단순한 생애

☺☻◘◙☼

The Simplest Life

☺☻◘◙☼

친구

또 하나의 나

Friend

Another me

그의 새벽

홀로 일어나 우주 가슴팍 지퍼를 내리다

His Daybreak

He rises up alone, and runs down the zipper of spaces heart

저 사막 위 하얀 낙타

어머니!

A White Camel on That Desert

Mother!

지구 속 외계인

내 이름은 외계인

아무도 나의 그림자를 모른다

Extraterrestrial on the Earth

My name is Extraterrestrial

Nobody knows my shadow

신들의 신출귀몰

신들은 어느 별에서나 태어나고

어느 별에서나 사라져간다

Appearance in Unexpected Places And at Unexpected Moments

Gods are born on any star

And they fade and disappear on any star

이방인의 노래

나에겐 아직 생일이 없다

자궁 속 태아

탄생의 날 기다리는 눈 먼 이방인!

A Song of Stranger

I have no birthday yet

A fetus in womb,

A blind stranger, waiting for the day of birth

내 마음의 행로

The way of My Heart

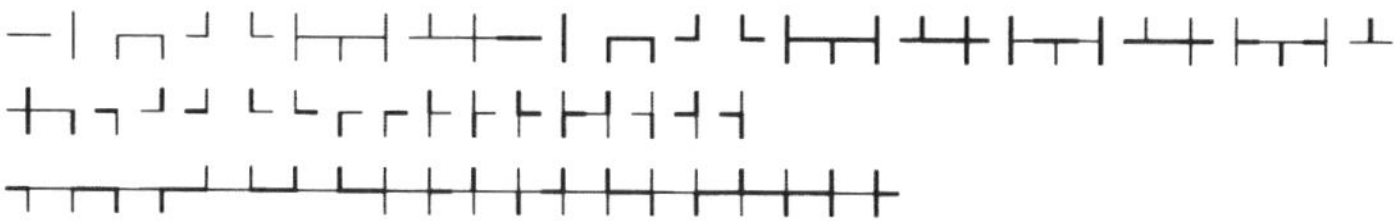

그 여자의 일생

스파크

스파크

스파크…

That Woman's Life

Spark

Spark

Spark…

내 사랑

나에게서 길 잃은 소행성 하나

My Love

An asteroid that lost its way back to me

지구 위의 세 사람

□ □ □

Three People on the Earth

□ □ □

저 우주의 끝

마지막 지구인 하나 홀로

수평선 위에 서 있다

The End of That Space

The last Earthman

stands alone on the horizon

아르카디아

주소 불명의 오아시스

그러므로 나는 찾아 나선다

* 아르카디아: 고대 그리스인들의 이상향.

Arkadia

Oasis of unknown address

Therefore I start to search for it

* Arkadia: Utopia of Old Greeks.

그대와의 한세상

½ ⅓ ⅔ ¼ ⅛ ⅜ ⅝ ⅞.....

A Life with You

½ ⅓ ⅔ ¼ ⅛ ⅜ ⅝ ⅞.....

당신의 별

◑

Your Star

◑

지상에서 가장 낯선 사이

부부

가을 바람

고독한 사나이의 외출

그 사람의 순환열차

초록 자유역에서 초록 자유역까지

사람 위에 사람 있고 사람 아래 사람 있다

응

지상의 인류

단 한 사람

사람과 사람 사이

옷

나의 종교

어머니교

불행한 자의 슬픔

행복하면 불안하다

지구와의 섹스

첫경험

사막의 끝

숲

지구별 미인

화장하지 않은 여자가 아름답다

불행, 혹은 행복 민주주의

누구나 다 불행하고 모두가 다 행복하다

그대 생존법

~~~~~~~~~~~~~~~~~~~~~~~~·····················
~~~~~~~~~~~~~~~~~~~~~~~~

우리들의 바벨탑

돈돈돈돈돈돈돈돈돈돈돈돈돈

돈돈돈돈돈돈돈돈돈돈돈돈

돈돈돈돈돈돈돈돈돈돈돈

돈돈돈돈돈돈돈돈돈돈

돈돈돈돈돈돈돈돈돈

돈돈돈돈돈돈돈돈

돈돈돈돈돈돈돈

돈돈돈돈돈돈

돈돈돈돈돈

돈돈돈돈

돈돈돈

돈돈

돈

빛나는 것

빛나는 것은

모두 다 쓸쓸하다

수신인 없는 편지

나의생애는허공속으로흩어지는웃음의산산조각…

슬로우비디오

우리들 사랑은 천천히

우리들 이별도 느리게…

그대를 바라보는 하느님의 눈

⊙

새의 일생

.

.

.

.

.

.

.

.

.

-

사랑은 정원사가 되는 것

사랑은
쓸쓸한 내 영혼의 정원사가 되는 것

이 가을에

이 가을에 문득

그대에게 가는 길을 잃었네

나에게로 돌아오는 길도 놓쳤네

고독

내

가슴 속

다이아몬드

내 마음의 섬

●

| 해설 |

가장 짧은시와 의미 찾기

가장 짧은시와 의미 찾기

채수영
(시인·문학비평가)

1. 입구에서 — 시의 표정 감지하기

시는 결코 길이의 장단에 따라 판단하는 문제가 아니다. 언어라는 조건을 통한 응축(凝縮)의 결과물이 언어적인 탄력을 수용할 뿐만 아니라, 의미의 팽창을 가져오는 데서 감동이라는 최종 종착점을 가질 수 있는 명칭이기 때문이다. 때문에 형식적으로 '가장' 짧다 해도 의미와 상관이 있을 뿐만 아니라 오히려 짧은 형태에서 탄력적인 상징의 숲을 창조한다면 시적으로 성공한 이름을 헌정(獻呈)할 수 있을 것이다.

'너무 길다'는 장 콕토의 「뱀」이란 시다. 이처럼 길고도(?) 짧은 시는 이제 정성수의 에스프리에 의해 수정되었다. 「섬」(나)의 경우, 자음과 모음으로 구성된 것을 차치(且置)하고라도 장 콕토의 '너무 길다'는 장황한 요설(饒舌)과 같은 처지에 몰려있기 때문이다. 그렇다면 더 줄일 수 있는 시는? 차라리 침묵 앞에 서는 백지의 의미가 더 선명할지 모를 일이다. 사실 시가 추구하는 궁극의 길은 언어가 아닐지 모른다. 부처와 제자 사이에서 나타난 이심전심(以心傳心)이나 화시중의 미소는 언어가 아닌 마음에서 마음으로의 교류를 강조한 상징이기 때문이다. 더불어 시는 여백—앰비규어티라는 말에서 해석의 길은 하나가 아닌 다양성을 가질 때, 훌륭한 시가 된다고 정의하고 있기 때문이다.

물론 시적(詩的)인 장치를 가동하는 경우는 적당한 언어의 사용에서 가능하지만 지나치게 짧은 시의 경우엔 비유의 사용보다는 의미(意味)에 치중하는 결과에 이를 수도 있다. 그러나 모든 예술은 궁극적으로 의미에 이를 때, 감동을 수반한다는 점을 예외로 할 수는 없을 것 같다. 그러나 시는 묘사나 비유이거나를 막론하고 감각적인 대상과 그 특질을 가리키는데 임무를 부여받기 때문에 언어의 조합—마음 속에 떠오르는 정신적인 이미지(mental image)의 언어 유희(遊戲)이기 때문이다.

결국 시는 언어놀이라는 점에서 이미지 구축의 방편(方便)에 따른 이유라는 말로 요약된다. 그러나 언어놀이가 일정한 단계에 따라 각기 다른 표정을 감지하는 것은 언어 사용의 문제와 연결된다. 사실적인 단계에서 유추(類推)적인 단계, 그리고 마지막은 상징적인 단계로 전이(轉移)하는 도정(道程)을 갖는다고 어번(W.M.Urban)은 말하고 있다.

정성수(丁成秀)의 시는 관념의 높이에서 인간의 땅으로 내려온 작금의 시적 특성이 다시 한 번 전율의 몸짓을 보이면서 변형의 창조에 몰두한다. 이는 정신의 깊이가 원숙(圓熟)의 경지를 방문하면 만날 수 있는 표정으로서 상징의 깊이에 접어들었음을 의미한다. 때문에 정성수의 시는 이제 깊이와 넓이를 통합하는 경지에서 의미의 숲을 유유자적하는 모습으로 만날 수 있다.

이 시집 『세상에서 가장 짧은시』의 원본은 지난 1980년대 초에 기획되고 씌어졌다. 그 당시 대학 1년 후배인 박정만 시인에게 시집 내용(원고지에 정리된)을 보여주었는데 그는 작품들은 살펴 본 뒤 다짜고짜 화를 벌컥 내었다……(중략)……그로부터 아주 오랜 시간이 지난 뒤 일부 변형되고 걸러진 형태로 이 시집을 세상에 내놓게 되었다.

이 작은 시집이 요즘 지나치게 산문화되고 요설화되고 잡문화돼 가고 있는 한국시의 쓸쓸한 유행적 흐름에 대한 하나의 반어적 몸짓으로 읽혔으면 좋겠다.

—「머리말」 중

세상에서 '가장'이라는 수사가 붙은 시집의 여정(旅程)을 감지하는 구절이다. 후배에게 퇴자를 당했지만 시에 대한 견해의 차이를 수긍하는 정성수의 모습에서 고독의 긴 강물을 감지하기는 어렵지 않은 일이기 때문이다. 왜냐하면 박정만이 쓰는 서정시와 정성수의 시적 견해에는 차이가 내재할 수 있음은 당연하다. 시가 끝없는 자기만의 실험을 시도하는 일이야 말로 아류(亞流)의 시인이 아니라 개성있는 시인의 임무에 충실한 성주(城主)가 될 수 있음이다.

작금의 한국시가 '요설화, 산문화, 잡문화'의 늪에서 정체를 면치 못한다는 진단에 반어적인 실험으로의 길을 만들고 싶은 정성수의 의도는 이미 오랜 시간으로 소급되는 한국시의 길 찾기와 무관하지 않다는 점에서 가치(價値)로 승화된다. 한국시는 어떤 이유를 앞세우더라도 변화해야 한다는 명제를 부여받고 있는 실정을 외면할 수는 없는 일이기 때문이다.

에피그람적인 암호와 기호로 쓰여진 시일지라도 시의 행방은 어쩔수없이 시인의 의식을 드러낼 수박에 없다는 가정에서 첫째는 고독이라는 우수의 몸짓을 요소로 삼고, 두 번째는 사랑의 구체성을 위한 갈증—시는 갈증이기 때문이다. 세 번째는 나와 우주에의 존재 형태가 드러나고 네 번째는 자유추구의 정신이 꿈을 꾸게 된다. 이는 실감파 즉, 아크메이즘(akmeizm)의 구체적인 형상을 떠난 심리적인 분석에서 가능의 출구를 마련할 것이다.

2. 우수 그리고 고독의 늪에서

정 시인의 시는 고독을 삼키면서도, 정작은 외면하고 싶지만 고독을 떠나서는 그의 시가 존립할 수 없을 것 같은 아이러니에서 출발한다. 이는 생래적인 이유보다는 삶의 껍질이 덧씌워진 원인일 수도 있지만 작금에 정성수의 시는 보다 인간적인 감성이 드러나는 것—오히려 친숙미를 느낄 수 있는 이유도 공소(空疎)한 고독의 신음이 아니라 인간적인 체취에서 나오는 신음일지라도 오히려 따스함과 감동을 수반하는 이유—인간에의 고독에 접근되었기 때문이다.

고독하라, 고독하라, 다시 고독하라!

—「친애하는 예술가에게」

고독이란 예술가에겐 삶과 예술을 하나로 통합하는 자양분의 역할을 한다. 히히덕거리를 찾는 개그맨일지라도 그 자신은 참담한 고독의 늪에서 남을 위해 웃음을 사냥하는 이면(裏面)이 있는 것처럼, 고독은 목적을 찾아가는 길에서 만나는 필연적인 이름일 수밖에 없다. 때문에 참된 고독은 자아(自我)로 돌아가는 일이면서 사물의 진수(眞髓)와 만나는 방법이 된다. 왜냐하면 고독은 자기를 깨닫고 자기의 실체와 만나는 방법이기 때문이다. 인간은 본질적으로 홀로이면서도 위장의 칸막이 속에서 자기를 건사하는 길을 모색할 뿐이다. 물론

이 고독의 물결은 누구도 막아줄 수 없고 또 막아서도 안 되는—오로지 순리의 생을 이어가는 길에서 만나는 동반자이기 때문에 고독은 자기를 깨우치는 수단화가 될 수 있다.

또한 고독을 느끼지 못하는 사람은 자기를 망각하고 살아가는 사람이기 때문에 비틀거리는 생의 걸음이 진행된다. 자기만의 시간을 갖지 않는 사람에게서는 독선과 오만의 그림자가 길게 드리울 수 있고, 이는 자기 망각의 수순 속으로 들어가는 나그네와 같을 것이다.

왜냐하면 자기를 알지 못하고 스스로를 방기(放棄)하기 때문에 '고독하라'를 반복하는 시심(詩心)은 곧 고독에서 빛나는 자아(自我)를 발견하는 이유가 될 수 있을 것이다.

현대는 각자가 원시인 혹은 유목민으로 살아가는 시대가 되었다. 다시 말해서 집단의 문화가 아니라 단독자의 운명—종합이 아닌 분석의 과학문명은 필연적으로 삶의 방법이 과거와는 달리 변화하게 되었다. 이런 추세는 여전히 진화하고 또 어디로 가고, 어디로 갈 수 있을 것인가를 가늠하는 예언은 불가능하게 된 불확실성의 시대라는 말로 정리한다. 이런 징후를 정성수는 다음의 간명한 어휘로 설명을 대신한다.

나

—「섬」

●

—「내 마음의 섬」

'자아'가 '섬'이라는 발상은 현대를 살아가는 인간에게 느끼는 자각증상이다. 왜냐하면 현대 1943년 컴퓨터의 출현에 이어 1976년 위

즈니악과 스티브잡스에 의해 개인용 PC의 등장은 현대인의 생활을 일거에 전환시켰다. 다시 말해서 정치는 게릴라화 했고 경제는 글로벌화, 문화는 멀티화, 사회는 원시화를 재촉했고, 가족은 필연적으로 해체의 수순을 밟아가고 있다.

다시 말해서 모든 인간은 그 스스로가 섬(島)이 되는 고독에 빠지게 된다. 그러나 로빈슨 크루소와는 달리 컴퓨터 하나만 가지고 있으면 세상과 소통하는 원시인이 된다. 어떤 어려움이나 불편함조차도 해결할 수 있는 통로를 확보한 것은 인터넷이라는 방법(hyper text transper protocol:world wide wed)이라는 길을 찾아가면 얼마든지 지구의 모든 공간을 답파할 수 있는 원시인 혹은 유목민이라는 뜻이다.

이는 일정한 직업이 없어도 되고 굳이 결혼이라는 울타리에서 살아야 할 필요성이 없는 존재의 '나'로 변했다. 결혼 숫자보다도 이혼의 숫자가 더 많은 사회현상이나 노숙자가 늘어나는 일들은 섬 증상이라는 증명이다. 이런 현상은 '지구속 외계인'의 모습인가 하면 '술꾼'의 고독에 젖기도 하고 때로는, '이방인의 노래'가 흘러나오는 것은 당연하다.

정성수의 고독은 지구의 한계가 아니라 우주라는 무한공간을 유영하는 공상의 나래를 펼칠 때, 가을바람의 휘파람 소리에 스스로를 묻어버리는 '이 가을에'나 '그 사나이의 일생'에 비치는 아픔이 보인다. 이제 정 시인의 고독이 응축되는 한 편의 시로 그의 의식에 젖어진 고독의 음성을 전한다.

내

가슴 속

다이아몬드

—「고독」

가슴 속에 있는 것을 섣불리 판단할 수는 없다. 그러나 겉으로 드러난 고독의 형상은 슬플지라도 마음 속에 담겨진 다이아몬드는 고귀한 에너지로 작용한다. 아울러 이 에너지는 출구를 찾아 방황하다 어느 지점에서는 새로운 폭발력을 가지고 세상을 향하는 모습이 될수 있다. 다이아몬드는 희소성 때문에 가치를 획득할 수 있기 때문이다.

희망은 시의 주요 목록이다. 절망을 부추기는 것은 시가 아니다. 아픔과 어둠 속에서도 꿈을 노래하고 찾으려는 시인의 마음은 곧 시의 가치로 연결되기 때문이다.

저 바다가 푸르게 파도치는 것은

그곳에 하나의 섬이 서 있기 때문입니다

—「고독한 사람에게」

고독이 푸른 색채와 결합함으로써 희망의 명칭으로 변환한다. 또한 파도의 이미지가 어둠을 감싸는 일면, 섬이 곧 삶의 푸른 이유와 결합할 때, 상징의 높이는 미지(未知)로 향하는 꿈이 될 수 있게 된다. 이럴 때 파도는 푸른 이미지와 결합하여 섬의 존재를 위호(衛護)하는 이미지로 고독이 결코 칙칙하지 않는 지향점을 찾게 된다.

정성수의 고독은 가치와 고귀함으로 응집하기위한 시간—그 간격의 시간은 길고 험할지라도 보편적인 가치로 나타나는 순간을 위해 인종(忍從)의 시간을 감내하는 길 찾기—이것이 정성수의 인생에 담겨진 고독의 푸른 함량이다.

3. 나와 우주의 고리 잇기

불가의 연기(緣起)에 의하면 우주의 모든 현상과 나와는 상관으로 엮어져 있다. 이는 현대물리학에서 증명으로 밝혀진 현상이라는 점에서 나는 우주(宇宙)의 중심이면서, 대상을 인지하고 해독하는 핵심이기 때문에 해와 달 혹은 별까지도 나를 위한 몫으로 인지(認知)된다. 이런 사고는 인생을 적극적으로 사유(思惟)하는 길을 만들 수 있다는 점에서 긍정의 생이 전개된다.

「나에게 부치는 최초이자 최후의 편지」「아침 새」「작은 별」「지상의 시인」「저 우주의 끝」「쓸쓸한 그대가 웃으면」「지상의 행복」 등은 시인의 마음에 서려있는 자유의지의 발상과 연계를 갖는다.

> 쓸쓸한 그대가 지상에서 웃으면
>
> 저 깊은 우주 속 하느님도 따라 웃는다
>
> —「쓸쓸한 그대가 웃으면」

대응(對應) 혹 응대(應對)의 원리가 이어질 때, 이를 인연이라는 줄로 엮어진다. '쓸쓸한 웃음'은 역설이다. 웃음과 쓸쓸은 일상적인 대화에서는 배제(排除)의 원리가 작용하지만 시에서는 매우 적절한 표현미를 획득한다. 왜냐하면 '웃으면'이 본질이 아니라 '쓸쓸한' 수식사가 더욱 강한 이미지로 작용하면서 웃음을 포장할 때 지상(시인)의 '웃으면'과 천상(하느님)의 '웃으면'이 응대하기 때문에 지상의 웃음은 쓸쓸하고 외로운 모습을 천상의 하느님이 반응하는 것으로 인식하게 된다.

이 같은 거울의식은 만물제동이라는 장자(莊子)의 정신적 경지로 들어간다. 지인지용심, 약경 '至人之用心, 若鏡'(장자, 내편 : 지인의 마음 씀은 거울과 같은 것이다) 거울의 표면은 허무이다. 그러나 허무이기 때문에 모든 물상은 그곳에 머물 수 있다.

만약 꽉 채워진 상태라면 만물은 머물 수가 없다. 빈 거울이기 때문에 모든 사물이 찾아드는 것과 같은 허무—비어있는 것은 곧 채움을 기다리는 것이 된다. 즉, '웃으면' 따라 '웃는다'는 것은 나와 우주가 따로 분리된 것이 아니라 하나의 유기체로의 작동을 의미한다는 뜻이 된다.

또 하나의 예를 들면 지구의 생물, 대기, 해양 등은 단일한 유기체로 간주해도, 복잡한 시스템을 형성하면서 일정한 생명이 어울리는 장소로 유지하는 능력을 갖추고 있다는 Gaia 가설—우주의 중심의식이 시적 정서로 작동된다.

인간은 어디서 사는가는 중요한 것이 아닐지 모른다. 왜냐하면 존재는 또 다른 공간에 존재가 있을 수 있기 때문이다. 우주 어딘가 인간이 찾지 못한 행성에도 생명체는 존재할 수 있을 것이라는 가설—여기서 시적 상상력은 출발한다. 결국 미지(未知)를 향하는 꿈은 시의 임무이면서 종착이라는 점에서 우주에의 꿈은 언젠가 도달해야 할 목적지이면서 시로 노래하는 이유가 될 수도 있을 것이다.

우주

—「점」

점이 우주이고, 우주가 점이라는 순환의 논리가 작동된다. 이는 시선을 우주라는 거대공간으로 돌릴 때 나타나는 심안(心眼)일 것이다. 지구의 땅만을 바라볼 때는 검은 흙의 증명에 머물 것이지만 정성수는 마음의 문을 열고 바라보는 창문이 있을 때, 비로소 점이 단순한 기호의 의미를 넘어 우주로의 도달점이 설정된다.

지상의 시인은

아니다, 시를 쓰는 것이

그는 다만 하나의 낯선 우주를 꿈꾸고 있을 뿐

—「지상의 시인」

지상(地上)에 살고 있는 시인의 구체적인 목표가 드러난다. '낯선 우주'를 꿈꾸는 일은 시인의 임무가 된다. 지상의 시는 문자로 읽혀지는 것이지만, 시인이 설정한 우주의 꿈으로의 시(詩)는 '낯선 우주'의 '별로 빛나는 이름'을 찾는 일이 지상의 시보다 높은 지향점으로 인식을 높일 때 '하느님을 들여다보는 우주의 눈빛'「작은 별」의 빛으로 살아나는 의미의 시— 비록 '떠돌이 별'「한 단독자의 생애」이 될지라도— 그런 시로 남고 싶은 정 시인의 염원이 설정된 듯하다.

4. 사랑의 갈증

갈증과 사랑은 분리된 것이 아니라 원(圓)으로의 순환과 같은 연결이 된다. 사랑의 에너지는 갈증에 있기 때문에 비움이고 또 채움을 향해 에너지가 발동한다. 이는 사랑의 진원이 되는 것이면서 참된 사랑은 색즉공 공즉색(色卽空 空卽色)이나 불생불멸, 불구부정, 부증불멸(不生不滅, 不垢不淨, 不增不減)의 반야(般若)적인 지혜가 원 시작과 끝이 포괄된다.

「나의 종교」는 '어머니교'라는 자애(慈愛)의 사랑으로 출발하여 「꽃 속의 꽃」에는 아내에 대한 애틋한 마음과 역설, 「지상에서 가장 낯선 사이」 그리고 「그대와의 사랑을 위해」나 「사랑한다는 것은」 「사랑하지 않는 죄」와 「사랑의 정체」 「사랑은 정원사가 되는 것」 등 사랑의 의미는 다양하게 상징의 숲에 은거(隱居)하고 있지만, 영원성이라는 지향점으로 집중하는 특성이 있다.

포근한 어머니의 사랑은 종교가 되었고, 아내의 사랑은 마지막으로 찾아가 잠들고 싶은 이미지로 애틋함이 묻어난다. 그러나 사랑의 부재(不在)에서는 공허의 아슬함을 초조로 맞아야 할 것이다. 기실 초조는 불안이 아니라 기다림으로의 긴 시간을 견디는 안타까움이 되는 시어(詩語)이다. 이는 진정이 외면당하는 염려가 될 수도 있고, 사랑의 도달점에 대한 불안으로 나타나는 심리적인 애절함이 될 수도 있기 때문이다.

내 기억의 창고 모두 비워두었다

나의 사랑은 언제나 첫사랑…

—「그대와의 사랑을 위해」

공(空)하니 색(色)이 들어차고 비움에서 채움이 나오는 것처럼, 사랑은 대상과의 연결을위해서는 헌신과 열정으로 틈새를 갖지 않을 때, 비로소 원만의 목표를 이루게 된다. '기억의 창고 모두 비워두었다'로 인해 첫사랑 같은 신선함이 찾아들 수 있을 뿐만 아니라 헌신에서 나오는 진정성의 이름이기에 기다림과 그리움의 모습이 가득해지는 마음을 갖게 된다. 이 같은 자세는 결국 '아름다운 슬픔' 「사랑한다는 것은」의 역설적 진술함에 접근할 수 있게된다.

진실에는 눈물의 배경이 들어있다. 왜냐하면 진실이기 때문에 가장 순수하고 깨끗한 함량의 원소가 작동하는 물이기 때문이다. 또한 슬픔이 아름다울 리야 없지만 진실과 순수의 끝점에서 만나는 이유로 잡티가 섞이지 않는 슬픔으로의 표현미가 될 수도 있다.

> 아무도 사랑하지 않은 죄!
>
> —「가장 큰 죄」

> 마술사
>
> —「사랑의 직업」

> 사랑은
>
> 쓸쓸한 내 영혼의 정원사가 되는 것
>
> —「사랑은 정원사가 되는 것」

아무도 사랑을 하지 않는 것이 가장 큰 죄목(罪目)이라는 단안(斷案)에서 사랑은 인간이 실현하는 가장 고귀한 덕목으로 자리한다. 이는 사랑의 부재(不在)를 암시하기 때문에 어둡이고 비극이 되는 이치, 인간과의 사랑 혹은 우주 자연의 모든 대상을 바라보는 휴머니티의 가슴을 갖는 일로 강조된다. 이런 경지에 이르면 사랑의 마음은 모든 것을 변화로 이끌 수 있기에 마술사가 될 수도 있고, 또 외롭고 쓸쓸함을 아름다움으로 가꾸는 정원사의 역할로 치환(置換)될 수 있다는 발상이다.

정성수의 삶에 대한 표정은 '쓸쓸함'에서 사랑에의 갈증을 넘치는 에너지로 바꾸는 것, 사랑의 힘에 의해 '그대와 나 마침내 하나가 되었으니/ 이제 지상에서 그 무엇이 두려우리'「지상의 입맞춤」의 두려움 없는 전사(戰士)의 모습으로 살아날 수 있게 된다.

정성수의 사랑법은 역설이다. 그러나 그 역설의 이면에는 고독과 쓸쓸함 그리고 삶의 아픔이 젖어 홍건한 눈물이 보인다. 그렇더라도 칙칙한 그리고 암울한 표정이 아니라 담담하면서도 소슬한 사랑의 풍경화—집이 보인다.

5. 자유추구

시는 엄밀한 의미에서 인간 해방의 언어일 것이다. 억압되었고 포위된 인간사를 벗어나 삽상(颯爽)하고 시원한 바람 속에서 자유를 구가하는 정신의 해방구를 설정하고 찾아가는 여정이 시의 나라일 것이라면 이는 공화국의 건설—정서의 해방으로부터 자유의 진정한 맛을 보는 백성이 되는 일이다. 맨 먼저 떠오르는 것은 박카스의 나라에 들어가서 백성의 의무를 수행하는 일이 된다.

정 시인에게는 두 가지의 종교라는 시어가 등장한다. 「나의 종교」에서의 어머니와 「술 술 술」이다.

> 나의 마지막 종교
>
> —「술 술 술」

「술 술 술」은 중의법, 더불 이미지의 기교를 사용하여 모든 일이 잘 풀리는 의미와 술이 유연하게 목구멍을 넘어가는 의태적인 모습이 겹친다. 아울러 술이라는 단음보다는 3번 반복으로 인해 술에서 오는 자유성을 느끼는 언어 뉘앙스가 다가든다. 그렇다면 왜 술이 마지막 종교로 이미지를 설정했는가? 물론 그 대답은 삭막한 세상에 고독과 외로움이라는 자기 본질에 대한 성찰에서 발성된 위로—누가 위로해주는가에 대한 대답이 술로 설정된다. 종교는 신념이다. 이 때문에 술은 시인의 정신에 자유를 주는 신앙으로 자리잡을 수 있다는 의미인 듯하다.

> 슬퍼하는 자
>
> —「술꾼」

타인과의 교통이 없는 술꾼은 외로운 자가 된다. 이럴 때 술은 인간을 장악하는 괴력을 발하면서 인간을 정복하는 결말이 되지만 술꾼은 이런 경우에 한 두번 항복문서를 바치지 않았다면 그는 술꾼이라는 명칭과는 멀리 있어야 한다. 비록 후회의 성을 쌓는다 할지라도 이내 다가가고 싶은 마음의 사이가 될 때, 술은 비로소 해방구의 백성을 맞아들이는 문이 열린다.

> 1945년 8월 15일
> 나는 지구별의 무기수(無期囚)로 태어났다
>
> 내 죄목은 자유
>
> —「1945년 해방둥이」

일치(日治)하의 억압으로부터 8·15일은 민족해방을 암시한다. 그러나 이면에는 시인 자신의 자유정신을 내포(內包)하고 있다. 왜냐하면 '내 죄목은 자유'라는 것으로 무기수가 되었기 때문이다. 정성수의 자유정서는 생에 거추장스런 것을 걸치지 않으려는 발상에서 고독을 불러들이는 것이고 이로 하여 다시 자유를 그리워하는 행로가 반복된다.

다시 말해서 자유에 대한 열망에 구속당하고 다시 자유로부터 자유롭고 싶은 완벽성을 찾아가는 길이 반복되면서 알몸의 자유 추구,

'벌거벗은 시간과 함께 걸어가기 때문입니다' 「내가 고독하지 않는 이유」를 내세우는 모습에서 헤매는 모습이 보인다.

6. 시적 에스프리

시의 함정은 현학(衒學)을 거부할 수 없을 때 파탄의 문패를 달게 된다. 다시 말해서 지식은 시와 상관이 없고 오로지 천의무봉의 순수 상태에서는 시의 신이 손짓을 한다. 가령 벌거벗은 임금님의 우화에서 왕의 모습을 평한 어른들은 시인이 될 수 없고 '임금님은 벌거벗었다'를 소리친 어린애만이 시인이 될 수 있다.

물론 시를 순진하고 눌삽(訥澁)하다해서 시로 접근하는 통로가 열리는 것은 아니다. 재능 위에 시적장치를 습득하지 않으면 시의 완성도는 어긋난 이름이 될 수밖에 없다는 이유에서이다. 요컨대 시인의 재능은 천진의 바탕 위에 모든 물상이 시적놀이의 대상으로 화(化)해야 한다.

시의 영역은 다양하고 깊은 특성을 갖고 있음은 잘 알려진 일이다. 이상의 「선(線)에 관한 각서 1.2.3」은 숫자의 나열이나 변형이 그대로 시가 되었다면, formalism의 일정한 패턴도 시의 역할을 잘 수행했음은 익히 아는 바, 인간이 만든 모든 기호나 상징도 시에 소용되는 재료라는 데는 이의가 없을 것이다. 더구나 컴퓨터의 사용에 따른 문자표의 기호나 숫자 혹은 변형들은 정성수의 뇌리에 이르면 시의 훌륭한 재료로 탄생되는 바, 시의 새로운 영역으로 소화하는 점—이는 좋은 발상일 것 같다.

비가 내리는 것은 의식의 차이에 따라 거꾸로 내릴 수도 있다는 발상의 전환은 신선감을 줄 수 있는 「가슴 속 비는 어떻게 내리는가」처럼 어떤 사람은 두 줄기 아니면 세 줄기의 비가 되거나 또는 무한의 점들이 모이는 것— '가슴 속'이라는 공간에의 상상력을 확인하는 시가 되었고, 「시지프스의 탈출」에서는 'ㄷ'의 한쪽 틈새를 통해 갇혀진 운명에서 서광을 만나는 일, 이는 사물을 어떻게 관조하고 바라볼 수 있는가의 여부에 따라 발동되는 기억의 탈출인 셈이다.

사람의 모습에 담겨진 !에 반대의 이미지는 보는 자의 눈에 따른 마술인 셈이다. 왜냐하면 시는 개성이고 이를 어떻게 표현으로 승화할 수 있는가에서 독자의 이해와는 아무런 상관이 없는 일이다. 왜냐하면 시인은 독자의 이해를 돕기 위해 시를 창조하는 것이 아니기 때문에 독자는 시인의 의도에 따라오는 공부가 있어야 할 뿐이다.

「고독한 한 사내의 일평생」의 경우 이해할 필요는 없다. 이는 컴퓨터의 문자표의 결합—어지럼에서 한 사나이의 일생이 암호—해석 불가능의 일상이 연속된다는 개념의 이해로 정리될 것이기 때문이다.

∀

—「위험한 여자」

위의 시는 A를 뒤집은 여자의 일상이다. 왜, 위험이라는 제목을 설정했을까? 물론 정답은 묘연할 수밖에 없다. 그러나 시는 정답 찾기가 아니고 다만 상식적으로 느끼는 바에 멈춰볼 때, 이쪽 혹은 저쪽으로 넘어질 것 같은 불안함이 시야에 들어오면 독자의 임무는 끝난다.

ㅆ

—「허공 속 두 사람」

(   )

—「그대와 나」

웅

—「사람 위에 사람 있고 사람 아래 사람 있다」

형상에서 다가오는 혼란이기보다는 기호에서 암시되는 느낌이면 시인의 임무는 훌륭히 전달된다. 「허공 속 두 사람」은 서로의 의지를 느끼거나 새들의 나래처럼 공간을 날아가는 날개의 이미지가 생성된다. 이는 이른바 시적 ambiguity의 의무에 충실할 수 있기 때문이다.

이외에도 「아우가 그리워하는 우주의 두 얼굴」「가장 단순한 생애」「내 마음의 행로」「지구 위의 세 사람」「당신의 별」「그대 생존법」「새의 일생」「그대와의 한 세상」「그대를 바라보는 하느님의 눈」 등은 기호 혹은 문자의 형태에서 나오는 이미지의 나열에서 기하학적인 배열과 숫자의 변형 또는 도형, 기술기호 등을 통해 시각성과 인식과 정서의 지평을 확장하는 기교와 만난다.

7. 나가면서 시의 기둥을 세우면서

노래는 가락을 갖는다. 그러나 고도한 상징에는 가락을 실리지 못하는 점—여기서 짧은 언어의 한계는 고독해질 수밖에 없다. 물론 시는 비유적인 언어에서 인간의 마음과 외부사물과의 결합으로 일체화(Identity)를 수행하는 이유—비유의 장치를 동원하면 사물의 진면목과 쉽게 만날 수 있기 때문이다. 물론 시는 시론이라는 틀 속에 가두는 일은 정답이 아니다. 왜냐하면 시는 의식의 자유정신을 구현하는 점에서 정신의 문제와 소통할 수 있기 때문이다.

인간은 항상 제도에 익숙하려는 편향성을 갖고 돌아가려 하면서도 역설적으로 벗어나려는 이중적인 기준자(尺)에 의해 지배당하지만, 시는 이를 거부할 때 진정한 자리를 마련할 수 있다면, 정성수의 『세상에서 가장 짧은시』는 오히려 가장 긴 의미를 내장하고 있다.

정성수는 몽상적인 여정이 화려하다. 그러나 그의 의복은 고독의 바람에 젖어 때로는 시니컬하거나 컬컬한 목청으로 세상을 향해 조소(嘲笑)를 던지기도 하고, 낮은 눈으로 인간을 향해 훈계의 달변을 던지고 싶어 하는, 그러나 시원스레 풀어내지 못하는 한(恨)이 서려 있다. 이 같은 현상이 짧은 혹은 모두가 가는 길을 외면하는 결과물—득의(得意)로움을 얻는 빌미가 된다.

제목보다 내용이 짧은 시의 행진은 신선하다. 이는 지금까지의 시의 인식을 바꿀 수 있는 계기가 되었고, 마치 눈짓으로 건네는 염화시중의 미소처럼 신선하고 은근함에서 좋다.

지금까지의 논지를 요약하면 정 시인의 시는 고독의 깊이에서 자기발견의 목청을 준비해왔다. 범인(凡人)들은 고독을 벗어나는 길을 찾지만, 정성수는 오히려 고독 속에서 시의 밭을 발견하는 점—지금까지의 시와 다른 기둥을 세운 것을 볼 수 있다.

나를 우주의 공간에 버리고 비로소 객관의 눈으로 자화상을 그리는 풍경화는 화려한 것보다는 인식의 지평을 넓히는 효과를 낳고 있다.

사랑은 정 시인의 시에 두 번째 기둥이면서 사랑의 의미가 생과 삶의 본질이라는 휴머니티에 가장 충실하지만 겉으로 꾸미는 것이 아니기 때문에 그의 표정은 항상 무표정으로 보인다. 이를 뒤따르는 세 번째 기둥은 자유정신에 충실하다는 상징성이다. 이는 시가 갖는 세속의 틀을 벗어나 자기만의 개성의 집을 짓는 요체가 되는 것 같다.

기호나 암호 혹은 문자의 변형—컴퓨터의 문자표 속에 들어있는 무표정한 기호에 생명을 부여한 것은 그만의 시적 기교라는 점에서 시의 변경(邊境)을 넓히는 네 번째 기둥이 될 것이다.

정성수 시인 C.G. Jung의 심층심리학의 원형을 빌리자면 몽상과 꿈, 그리고 이상적 자아의 추구에 집착하는 아니마(anima)의 시인이다.

2

기호시 시집
『기호 여러분』

| 머리말 |

시는 여러분도 다 잘 아시다시피 상징이나 각종 비유, 심상(이미지), 운율(리듬) 등을 통한 '축소 지향의 문학'이다.

그런데 어찌된 셈인지 요즈음 이러한 시의 기본적인 요소들을 무시한 '시 아닌 산문'들이 이 나라 곳곳에서 해일처럼 넘쳐난다. 이러한 '비시적인 유행(?)'은 시를 위해서 시인 자신을 위해서 독자를 위해서 결코 바람직한 일이 아니다.

지난 2009년 1월 15일, 나는 그러한 시단 일부의 '산문적 흐름'에 대한 반작용(?)으로 『세상에서 가장 짧은시』라는 제목의 시집을 낸 바 있다.

그 속에는 길게는 세 줄짜리 '3행시', 짧게는 한 음절(글자)이 작품 한 편인 시, 혹은 문자의 최소 기본단위인 '단음(닿소리나 홀소리)' 하나로 된 시, 더 나아가서는 문자가 아닌 비음절, 즉 '기호'나 '부호'를 시의 내용으로 표현한 시들도 적지 않았다.

이번에 글자를 모두 배제한 '비문자시'들만을 모은 시집 『기호 여러분』을 내는 데는 내 나름의 이유가 있다.

'시의 산문화'에 대한 반작용뿐만이 아니라 시의 내용을 외국어로 온전히 번역하는 것이 사실상 불가능한 '문자의 한계'를 벗어나고자 하는 것이 그것이다. 다시 말하자면 '내용(본문) 번역이 불필요한 시'(제목 번역은 다행히도 시 내용에 비해 그리 큰 문제가 되지 않는다)가 이 시집이 지향하는 또 하나의 목적이다. 시는 어차피 운명적으로 상징이나 비유나 심상이 아니겠는가…!

기원후 2012년 1월 1일
대한민국 일당산 곰지기계곡에서
불문(不文) 정성수(丁成秀)

사람과 사람

H

＊사람 사이 마음의 통로.

이 세상 모든 고독한 존재에게

&

* 너와 나, 당신 그리고 나.

나는 너의, 너는 나의

+

* 서로 도우미되기.

연인들의 산책

$\oiint$

* 둘이서 하나로.

정자는 질주하며 소리를 내지 않는다

:

* 혼신의 힘으로 질주.

사랑하는 그대여, 안경을 벗으세요

* 사랑하는 사람, 지나치게 구체적으로 들여다보지 않기.

사람으로 가는 길

S

* 사람되기 쉽지 않은 길, 그러나 가야하는 길.

과거에 대한 인사법

ㄱ

* 깨끗이 잊읍시다.

나는 영원한 초승달

☽

*늘 새 출발.

어머니의 십자가

‡

* 어머니의 십자가는 두 개.

저항하라 그리고 포옹하라

⊗

* 저항과 포옹.

우주는 빈 의자

ㄴ

* 우주는 정복자가 주인.

수평선 위로 자궁이 뜨네

으

* 수평선 위로 떠오르는 해.

지구별에는 이상향이 살고 있다

↺

* 지구별의 향일성.

내 이름은 몽상가

내 이름은 몽상가
하늘보다 드넓은 나의 나라에선
눈물 많은 사람들이 스스로 옷을 벗네

저마다 알몸 속에서 향기가 폭발하는 나라
해 뜨면 무화과 왕관을 쓰고
두 손 모아 바람의 그늘 지우는 나라

모두가 왕인 나라
모두가 신하인 나라

해 지면 등불 아래서
하늘이 쓴 경전을 읽고
보이지 않는 사람에게 기나긴 편지를
쓰는 나라

시나브로 꽃이 지면
시민들이 하나씩 꽃이 되는 나라

청옥의 가슴 속에
물 한 방울 품은 위대한 가족들
마주치면 숨가쁜 포옹
목숨이 끓는 소리

저 눈부신 햇빛의 폭포 속에서
이대로 죽어도 좋아라
사는 일은 더욱 좋아라.

—시집 『사람의 향내』(2008년)

아내는 하느님

작은 하느님이시다
눈 맑은 나의 아내는
손가락에도 열 개의 눈이 달렸다

한때는 초록지구 위에
나를 낳더니

하영이와 병화를 소리치게 하더니
이제는 수없이 눈을 뜨게 하는구나

손가락의 눈으로
흙의 속살 들여다보고

허공에
첫사랑 같은 찻잔을 밥그릇을 항아리를
낳는구나

눈이 큰 아내는
지구의 하느님

달 보고 해 보고 별을 보고
달보다 해보다 별보다도 큰

저 우주를 다 담고도 다시 넘치는
이 세상에서 가장 큰 항아리를 빚는구나.

—시집 『사람의 향내』(2008년)

| 4·19 혁명시 |

젊음의 피

빠알간 피를 던져라
들끓는 경관들의 낯짝에다가
불붙는 피를 뿌려라

발길로 피를 차버려
산산조각으로
피의 안개를 세워라

그 속에 꿈을 꾸는 듯한
무지개를 태워라

최루탄을 도로 집어
반대로 갈겨라

연기를 머금어라
연기를 뱉어라

피를 움켜잡으며 구호를 외쳐라
날뛰던 경관의 얼굴색이 변하게

몽둥이도 없이
총도 없이
최루탄도 없이

맨몸으로
몽둥이 삼아
총 삼아
최루탄 삼아

날아오는 것 받으며
끊임없이 달려라

분노 앞엔
모든 것이 굴복한다

얌전히 고개 숙여 항복하는 것들에게
소리 질러라
자유의 소리를

침을 던져라
쫓겨가는 독재자에게

먹구름이 일다
태양이 솟았다
드높은 하늘을 그대로 지녀라

피가 물든 넓은 태양
정열로 받아
가져라!
생각하라!

—첫시집 『개척자』(1961년 1월)

| 해설 |

기호를 언어로 풀어내는 이색적인 작업

기호를 언어로 풀어내는 이색적인 작업

이승하
(시인·중앙대 교수)

바로 얼마 전 일이다. 적지 않은 한국의 학자와 시인들이 일본에 가서 하이쿠(俳句)를 연구하는 국제학술대회에 참여, 하이쿠의 위대함을 세계에 널리 알리는 데 일조를 하고 왔다.

그 학술대회의 주제는 하이쿠야말로 시가 다다를 수 있는 최상의 경지이며, 일본이라는 한 나라의 문학 장르를 넘어서서 세계적으로 하이쿠 작시의 열풍이 불고 있는 이유가 어디에 있는가를 규명하는 내용이었다고 한다.

하이쿠 홍보대사는 한국에만 있는 것이 아니다. 영국의 워즈워스와 독일의 릴케가 일본의 하이쿠를 접하고 간명하면서도 오래 기억되기 좋은 동양의 멋진 시라고 말한 이후 하이쿠는 서구 사회에 점차 알려지게 되었다.

프랑스의 구조주의 철학자 롤랑 바르트가 하이쿠를 가리켜 "가까이 하기 쉬운 세계, 그러나 아무것도 말하려 하지 않는 이중의 성격을 가지고 있는 독특한 문학 양식"이라고 칭송하여 서구인들 사이의 관심이 더욱 높아졌다.

옥타비오 파스는 {활과 리라}에서 마츠오 바쇼(松尾芭蕉)의 하이쿠가 "역설과 침묵으로 용해되는 선불교의 가르침에 바탕을 두고 있"으며, "정적의 꽃"이라고 극구 찬양했다. 호르헤 보르헤스는 하이쿠를 수십 편이나 지어 관심과 애정을 표시했다. 이들 외에도 에즈라 파운드, 알렌 긴스버그, 게리 스나이더, 체슬라브 밀로즈 등이 하이쿠의 영향을 받았노라고 말한 바 있다.

미국 내에서 네 종의 하이쿠 잡지가 발간되고 있고 〈뉴욕 타임스〉가 하이쿠를 공모해 실을 정도로 미국에서는 대단한 열풍이 불고 있다.

해마다 일본 내에서 1,000종에 이르는 하이쿠 동인지가 발간되고 있고, 중앙과 지방의 일간시와 문예지 등에 매일 일반인들의 하이쿠가 50~100편씩 실리는 나라가 일본이다.

하이쿠의 역사는 아무리 길게 잡아도 500년이다. 뿌리를 나라[奈良]시대(710~794)의 와카[和歌]로 잡을 수 있지만 명응(明応) 8년(1499년) '하이카이'에서 독립한 것을 기점으로 삼으면 500년이 좀 넘었고, 하이쿠라는 명칭이 사용된 것은 메이지[明治] 이후부터이다.

반면 우리의 '시조'는 고려말 설과 16세기 설이 대립하고 있는데, 신라 향가에서 고려중엽에 고려장가가 분장되어 형식이 정제되었으며, 고려말 3장 12구체로 정착되었으리라 유추된다.

다시 말해 역사에 있어 몇 백 년이 빠르고 지금까지도 연면히 이어지고 있는 우리 나라의 대표적인 시가 형식임에도 불구하고 시조는 외국에서 인정을 받고 있는 것 같지 않다. 시조 자체의 문제 때문이 아니라 우리의 우리 문학 사랑이 일본보다 못하기 때문이 아닐까.

게다가 지금 우리 시단에서는 산문시를 너나없이 즐겨 쓰고 있으며, 장시 쓰기가 또한 유행처럼 번지고 있는 중이다. 최근에 어느 문예지 신인상 심사를 했는데 산문시 쓰기, 시의 장형화, 연 구분 없애기 세 가지가 유행임을 확인할 수 있었다. 대다수 투고자가 20행 이상, 30행 이상의 시를 쓰면서 한 번도 연을 나누지 않고 있어 한숨을 푹푹 내쉬곤 했다.

10행 이내의 짧은 시 쓰기를 목표로 삼은 동인인 '작은詩앗 채송화'와 신춘문예 출신 시조 동인인 '21세기시조동인'의 활동이 시단의 주목을 끌고 있는 이유가 있다.

지나치게 난해한 시, 시집의 여러 쪽을 이어 진행되는 긴 시, 명백한 산문조의 시에 대한 거부감이 시단 한쪽에서는 일고 있는 것이다.

최근에 고려대 최동호 교수는 '극서정시', 즉 아주 짧은 시 가운데 우수한 시를 예로 들면서 지나치게 길고 난해한 시를 쓰고 있는 조연호, 여정 시인에 대해 강하게 비판한 바 있다.

길이에 상관없이 좋은 시가 나와야 할 텐데 이 시대에는 문예지와 시인은 넘쳐나지만 독자들의 사랑을 받는 '좋은 시'와 평론가들의 상찬을 받는 '훌륭한 시'가 그다지 많이 나오고 있는 것 같지 않다.

이런 시점에서 우리가 주목해야 할 2명의 원로시인이 있다. 박희진은 1997년 예문관을 통해 {박희진 일행시 칠백수}를 펴냈지만 시단의 주목은 크게 끌지 못하였다.

시인 자신 1행시의 의의를 "1행시는 單刀直入이다. 번개의 언어다./ 1행시는 點과 宇宙를 하나로 꿰뚫는다./ 1행시는 직관적 상상력의 산물이다./ 1행시는 詩의 알파이자 오메가다."라고 말했지만 메아리를 만들지는 못하였다. 안타까운 일이다.

성찬경은 일자시를 모아 제9시집 『해』를 재작년(2010년)에 펴냈다. 시의 본문은 제목 한 글자만으로 이뤄져 있지만 시적으로 쓴 각주가 있어 어찌 보면 일자시가 아닌 듯도 한데, 아무튼 시에 대한 시이면서 시 자체를 반성하는 시, 다시 말해 메타시라고 볼 수 있다.

오늘날 아주 많은 시인이 시를 쓰면서 중언부언하고 횡설수설하자

시인은 밀핵시론에 이어 요소시론을 전개하면서 시를 점점 짧게 써 나가다가 마침내 일자일행시라는 극소의 시를 쓰기에 이르렀던 것이다. 하지만 이 두 원로시인의 혼신의 노력에 대해 이 땅의 평론가들은 별다른 관심을 갖지 않고 있는 듯하다.

2009년에 나온 정성수(丁成秀)의 시집 『세상에서 가장 짧은시』 또한 마찬가지였다. 어떤 시는 하이쿠 정도의 분량이고 어떤 시는 한 글자 혹은 한 낱말로 되어 있으며 또 어떤 시는 한 개의 기호로 이뤄져 있어 무척 신기해하며 읽은 기억이 난다.

대단히 실험적인 시집이었지만 이 시집에 대한 시단의 반응은 시큰둥했다. 젊은 시인들이 문법 파괴를 밥 먹듯이 하면서 비문이 속출하는 시를 써도, 낱말을 아무리 오용해도, 제멋대로 낱말을 만들어 써도, 상까지 주어가며 칭찬을 아끼지 않는 시인과 평론가들이 즐비한 우리 시단이 아닌가.

그래서인지 정성수의 작업은 관심을 끌 수가 없었다. 『세상에서 가장 짧은시』에는 이런 시들이 있었다.

> 겨울 바람 속 번득이는 아내의 흰 머리칼
>
> —「작은 슬픔」 전문

> 하느님을 들여다보는 우주의 눈빛
>
> —「작은 별」 전문

> 끝나지 않은 이별
>
> —「기원후 1950년 6월 25일」 전문

이런 시는 '짧은 문장이 남기는 긴 여운'이라고 할 수 있을까, 촌철살인이면서도 의미심장한 내용을 지니고 있다.

「사람 위에 사람 있고/ 사람 아래 사람 있다」는 "응"이 전문이다. 말의 재미만을 추구하는 장난기 어린 시라고 볼 수도 있겠지만 평등사상을 주제로 한 시로 봐도 무방하다. "술 술 술"이 본문인 「나의 마지막 종교」 같은 시, "침묵"이 전문인 「신의 포효」 같은 극서정시도 있지만 "오늘도 저 꽃봉오리가 아름다운 것은// 그 곁에서 피어나는 사람의 향내 때문이지요"(「꽃이 피는 까닭」), "아내여// 우리가 저 패랭이꽃 속에서// 한 잎씩 아주 작은 꽃이 될 수 없을까?"(「꽃 속의 꽃」) 같은 2, 3연(행)으로 된 시도 적지 않다.

시인은 낱말 그 자체의 울림을 추구한 시, 행간에 숨은 뜻을 지향한 시, 작은 소리로 큰 울림을 전해 주려 한 시 등 다양한 방법론으로 쓴 시를 그 시집에서 보여주었다.

대체로 짧지만 음미할 내용이 있는 시를 써나가는 도중, 시인은 다소 엉뚱한 실험(?)도 여러 차례 해보았다. 한 개의 기호를 시의 전문으로 삼은 시를 10편 가까이 썼던 것이다.

?

—「나에게 부치는 최초이자 최후의 편지」 전문

O

—「우리가 그리워하는 우주의 얼굴」 전문

ㄷ

—「시지프스의 탈출」 전문

ㅆ

—「허공 속 두 사람」 전문

(　)

—「그대와 나」 전문

∀

—「위험한 여자」 전문

◑

—「당신의 별」 전문

⊙

—「그대를 바라보는 하느님의 눈」 전문

●

—「내 마음의 섬」 전문

이런 시를 기호시라고 해야 할지 부호시라고 해야 할지 모르겠는데, 아무튼 10편 정도 되는 시를 시집 중간 중간에 넣어 독자의 머리를 갸웃거리게 한 시인이 이번에 본격적으로 기호만을 갖고 시를 써 시집을 내기로 하였다.

지난번 시집의 제목이 『세상에서 가장 짧은시』였는데 사실 이번 시집이 '세상에서 가장 짧은시'이다. 도대체 기호란 무엇인가?

기호(記號, sign, symbol, mark)란 어떠한 뜻을 나타내기 위하여 쓰이는 부호, 문자, 표지 따위를 통틀어 이르는 말이다.

우리 인간은 까마득한 고대에 상형문자를 만들어 쓰기 시작한 이래 지금까지 줄기차게 기호를 발명해왔다. 언어도 어찌 보면 기호다.

기호는 그 낱낱이 의미를 함축하고 있다. '+'는 '더하라'는 뜻이고 '−'는 '빼라'는 뜻이다. 언어를 대신하는 것이 기호인데 정성수 시인은 그 기호를 촌철살인의 언어로 풀어내고 있다.

우리 인간은 다른 동물들과 달리 언어로 의사전달을 해왔다. 물론 수화 같은 몸짓 언어도 있고 새벽 어시장이나 청과물시장에서도 손짓으로 의사를 전한다.

사실, 두 손을 번쩍 드는 것과 흰 깃발을 흔드는 것이 항복의 뜻임은 누가 가르쳐 주지 않아도 아는 인류 공통의 몸짓 언어이다. 고개를 아래위로 끄덕이면 '예'이고 좌우로 흔들면 '아니오'임은 말을 배우기 전의 아이들도 안다.

하지만 신호등은 확실한 색깔이고 명백한 기호이다. '건너도 됩니다'와 '건너가지 마시오'라는 언어를 기호가 대신한다. 기호는 의사전달을 신속하고 편리하게 해 주니, 문명이 발달할수록 기호가 발달하게 마련이다.

문장화를 해야 뜻을 온전히 전할 수 있는 언어를 한 개의 기호로 바꾸면 대단히 편리하다는 사실을 안 인간은 유사 이래 수많은 기호를 만들어왔다. 세계 공통어인 수학기호나 화학기호는 물론이거니와 규약(code) 같은 것도 넓은 의미의 기호라고 할 수 있고, 신호등 표시나 교통 표지판 같은 것은 가장 대중적이고 직접적인 기호다.

기호는 문명사나 문화사적으로 보아도 인간과 불가분의 관계가 있으며, 현대인들의 일상적 삶의 과정에서 기호를 무시하고 살아갈 수 없다.

인간은 서너 살이 되면 덧셈과 뺄셈을 배우기 시작한다. +와 −를 배운 이후 죽는 날까지 더하고 빼고 곱하고 나눈다.

정성수 시인은 이 세상에 미만해 있는 기호를 시의 소재로 삼아, 그 기호의 원래의 의미와 다른 생각을 해보면서 79편의 시를 썼다. 시인의 머리말을 주목할 필요가 있다.

이번에 글자를 모두 배제한 '비문자시(非文字詩)'들만을 모은 시집 『기호 여러분』을 내는 데는 내 나름의 이유가 있다.

'시의 산문화'에 대한 반작용뿐만 아니라 시의 내용을 외국어로 온전히 번역하는 것이 사실상 불가능한 '문자의 한계'를 벗어나고자 하는 것이 그것이다.

다시 말하자면 '내용(본문) 번역이 불필요한 시'(제목 번역은 다행히도 시 내용에 비해 그리 큰 문제가 되지 않는다)가 이 시집이 지향하는 또 하나의 목적이다. 시는 어차피 운명적으로 상징이나 비유나 심상이 아니겠는가…!

이런 시집을 내게 된 동기를 밝히고 있다. 시의 산문화에 대한 불만, 문자의 한계를 벗어나보고자, 아울러 시의 본문이 부호여서 번역이 불필요한 시를 써보고자 이런 시집을 내게 되었다고 한다.

지난번 시집에서 이미 10편 정도의 기호시를 선보였기 때문에 그렇게까지 충격적인 시집은 아니지만 보는 내내 재미있기도 하고 신기하기도 하고 의아스럽기도 하고…. 한마디로 말할 수 없는 묘한 기분을 느끼면서 편편의 시를 봐나갔음을 먼저 말하고 싶다.

인간이 고안해낸 79개의 기호가 이번에 내는 시집의 전문이고, 낱낱의 기호에 대해 시인이 제목을 붙였다. 한글로 되어 있는 부분이 제목이지만 시의 본문으로 볼 수도 있다.

﹀

—「나와 그대 사이」 전문

H

—「사람과 사람」 전문

시집의 제일 앞머리에 놓여 있는 2편의 시다. 이 시를 보고 독자는 어떤 생각을 할까? 독자의 한 사람으로서 해설자는 이렇게 생각해본다.

……나와 그대 사이는 늘 일정한 간격이 있다, 나와 그대 사이에는 홈이 있다, 사람과 사람 사이에는 소통할 수 있는 통로가 있다, 사람과 사람은 손을 잡고 산다, 나와 그대 사이에는 거리가 있을지라도 사람과 사람은 결국 서로 기대고 살 수밖에 없다…… 이런 생각을 해보지만 시인이 이 제목을 붙일 때의 생각과 같은지는 알 수가 없다.

시인은 다만 '﹀'를 보고 "나와 그대 사이"라는 시상을, 'H'를 보고 "사람과 사람"이라는 시상을 떠올렸던 것이다.

세상 사람들이 약속을 하여 만국 공통어로 쓰고 있는 기호에 대해 이런저런 생각을 하여 제목을 붙인 것을 독자는 때로는 십분 동의하면서, 때로는 의아해하면서 보아나가면 되는 것이다.

즉, 이번 시집은 제목을 읽고 시의 본문인 기호를 보고, 그런 연후에 둘 사이의 관계를 생각하면서 고개를 끄덕이거나 갸웃거리면 된다. 끄덕일 때도 재미를 느낄 수 있고 갸웃거릴 때도 재미를 느낄 수 있다. 세 번째 시는 의미심장하다.

&

—「이 세상 모든 고독한 존재에게」 전문

영어 and의 약칭인 &라는 기호를 보고 시인이 생각한 바는, 이 세상 모든 고독한 존재에게 필요한 것은 타자라는 것이다. 누군가와 함께 있어야 고독감을 느끼지 않게 되니 &라는 기호는 이 세상 모든 고독한 존재에게 반드시 필요한 것임을 새삼스레 일깨워준다.

한 장 한 장 페이지를 넘기면서 기호를 봐 나가자니 이 세상에는 기호가 정말 많구나, 하는 생각과 함께 이 많은 기호를 찾아낸 것이 놀랍다는 생각이 든다.

또한 이 많은 기호에다 제목을 붙임으로써 의미를 부여한 시인의 아이디어가 참으로 비상하다는 생각이 든다.

'⧓'를 갖고 "적과의 키스"라는 제목 겸 설명을 붙이고, '--➔'를 갖고 "가라, 피 흘리며"라는 제목 겸 설명을 붙인다. 기발나지 않은가.

그 기호의 모양의 특수성에 주목하여 '✆'를 "자궁 속 전화"라고 하고 'ƒƒ'를 "연인들의 산책"이라고 한다.

V는 흔히 승리(victory)의 약자로 쓰이므로 그 뜻과 모양에 모두 주목하여 'V'를 "승자의 계곡"이라고 하였다.

'₩'는 그 기호의 뜻에 주목하여 "그대의 신"이라는 제목 겸 설명을 붙이고 있다. 사람들이 돈을 신으로 떠받들고 있지만 실은 돈의 노예가 되어 있는 현실에 대해 개탄하고 있음을 명민한 독자라면 알아차릴 수 있을 것이다.

각각의 부호에 대해 시인이 어떻게 이해하고 해석하고 새롭게 의미를 부여했는가에 대해서는 더 이상 말하지 않기로 한다. 독자가 자유롭게 감상할 수 있는 부분을 해설자가 빼앗는 느낌이 들기 때문이다.

우리 곁에 미만해 있는 수많은 기호는 문명사나 문화사적으로 보아도 인간과 불가분의 관계가 있으며, 현대인들은 일상적 삶의 과정에서 기호를 절대로 무시하고 살아갈 수 없다.

이 세상의 온갖 기호는 각각 뜻이 있지만 시인 나름대로 다시금 해석하여 그 뜻을 생각해보았다. 그러니까 이번에 내는 시집은 각각의 기호를 어떻게 생각하느냐가 제목이 되고 또한 시가 되었다.

아마도 이런 시도는 전 세계에서 정성수 시인이 유일무이하게 시도해본 것이리라. 극서정시 중에서도 가장 극미한 시를 쓰고 있는 정성수 시인의 기호 놀이에 해설자는 그저 한마디 추임새를 넣었을 뿐이다. 이제 나머지 감상은 독자의 몫이다.

| 해설 |

정성수의 『기호 여러분』에 대한 기호학적 분석

정성수의 『기호 여러분』에 대한 기호학적 분석

동시영
(시인 · 교수)

1. 낯설게하기 또는 이코노 텍스트

시를 쓰는 것은 씨니피앙과 씨니피에 두 개의 선 위에서 낯설게 하기의, 끝없는 새 것의 영역을 찾는 일이다. 낯설게 하기의 과정에서 창조의 기쁨과 희열 행복이 탄생하고 또한 그 탄생을 위한 예술적 고통이 생산된다. 무카로브스키의 말처럼, 이 같은 여정에서 시인은 시와 다른 문학 영역 사이를 오가거나 동요한다. 이와 함께, 때론 문학과 문학 외의, 여러 예술 분야와의 사이에서도 그러한다. 또한 시 문학 발달의 역사 속에서 시인은 결정 되면서 발달을 결정한다.

시인은 창조하는 한 개인이면서 그가 만든 모든 작품의 공통 분모 속의 어떤 개성이다. 그 개성에서 시기별로 나타나는 구조적 차이는 중요하다. 작품 구조는 시대의 흐름에 따라 변하며 작가의 개별적 요구에 따라 변하기도 한다. 이 같은 텍스트의 구조 변화는 물론 문학에서만의 일은 아니다. 예술 장르 전반에 걸쳐 새로운 예술 구조는 발생해 왔고 지금 이 순간에도 변화하고 있다.

낯설게하기는 꼭 세상에 전혀 없었던 것에서만 오지 않는다. 때론 이미 오래 전에 있었던, 그래서 거의 잊혀진, 시간의 지평을 넘어서 그곳에 있는 것과 상호텍스트성(Intertextuality)적 관계를 확보하며 새로움을 형성하거나, 동시대의 어떤 것과 이 같은 것을 형성하기도 한다. 상호텍스트적 관계 형성에 의한 낯설게 하기는 영역의 제한이 없다. 제한 없는 영역 속에서, 예술가는 창작의 기표와 기의, 구조를 오가면서 새로움의 세계로 일탈하고 낯설게 한다.

컬러 영화를 넘어 3D영화를 보고 즐기는 21C의 오늘날, 흑백 영화, 무성 영화를 제작하고 거기서 또 다른 예술적 일탈과 창의적 가치를 가져오는 일은 이미 오래 전부터 있어 왔다. 벨라타르 감독의 〈토리노의 말〉은 그 좋은 예다. 두 시간 사십 분 동안, 흑백 영상 속에서, 몇 안 되는 대사만 듣고 그림 보듯 영화를 봐야 한다. 그리고 어떤 장면에서는 한 장면이 현실 속, 길이를 가져, 영화가 가지는 축소적 요소도 발견할 수 없다.

포스트모더니즘 문화에 깊이 들어와 있는 우리들의 시대는 그 같은 것을 예술가들에게 더욱 요구한다. 오늘날 탈 중심 시대를 사는 예술가들은 그 어느 시대보다도, 중심을 벗어나 멀리 중심의 반대편으로 달아나기를 끝없이 시도한다. 예술은 창조적 세계로 방향한 창조적 세계에의 몸부림이며 그 무한한 실현이 텍스트들이다.

정성수는 시집 『개척자』를 시작으로, 『술집 이카로스』, 『우리들의 기억력』, 『세상에서 가장 짧은시』, 『누드크로키』 등, 십여 권의 시집을 내고 2012년엔 『기호 여러분』을 냈다. 그 중, 2009년의 『세상에서 가장 짧은시』에 이르러서는 한 글자, 한 낱말, 한 기호로만 이루어진 텍스트들을 만날 수 있었다. 그리고 『기호 여러분』에서는 제목과 도상 기호로만의 텍스트를 만날 수 있다.

『개척자』를 처음으로 현재까지 시작 활동을 하면서 예술적 일탈과 창조의 고뇌에 시달렸을 원로 시인, 정성수는 근년에 이르러 구조의 낯설게 하기를 시도하면서 시의 구조를 개척하고 있다. 바로, 글과 그림이 함께하는 시 텍스트 쓰기다.

글과 그림으로 이루어진 텍스트에 관심을 가진 이론가들은 바르트, 리오, 몽탕동, 멩그노 등을 들 수 있다. 또한 박일우 교수도 이에 대한 논의를 심도 있게 한 바 있다. 우선, 바르트는 글과 그림으로 이루어진 텍스트의 양 체계에 관심을 가지고 모든 그림의 기의는 떠도는 사슬고리며 이를 글이 고정하거나 중계한다 했다.

그리고 리오(M. Rio)의 이론, 몽탕동(A. Montandon)의 이론, 멩그노(D. Mainguenueneau)의 발화 행위 이론 등과 관련하여 고정과 중계, 기술, 서술 등의 문제가 논의되어 왔다.

그리고 글과 그림의 합성된 시각 발화체에서 글과 그림이 가지는 역할은 상대를 고정하거나 중계하고, 총체적 메시지 전달 과정에서 서술성, 기술성을 가지면서 상보적으로 역할을 한다는 것을 논의해오고 있다. 이는 텍스트의 종류와 제작 의도에 따라 상대적 경향으로 나타난다. 그리고 겉보기에는 글, 그림의 합성으로 보이나 글로도 그림으로도 보기 어려운 새로운 장르, 이코노 텍스트에 대한 논의가 제기 되어 왔다.

미카엘 네를리쉬(Michael Nerlich)는, 이코노 텍스트 구조는 글과 그림이 불가분의 관계에 놓인 하나의 단위로써 그 내부에서 글도 그림도 삽화적인 기능을 가지지 않는다 했다. 이는 글과 그림의 대화로 인식되며 글과 그림이 각각의 정체성 독자성을 유지하면서 하나의 분리될 수 없는 단위, 양자가 만들어 내는 제3의 텍스트로 지칭되는 것이다. 따라서 이코노 텍스트는 불가분의 관계로 읽히는 기호 덩어리, 융합된 의미장에 속한다. 몽탕동은 이코노 텍스트적 효과를 서로 다른 성질을 지닌 두 체계의 대립과 병존에서 빚어지는 긴장이라 설명하기도 한다 .

그리고 판타지 문학의 대표격인 루이스 캐럴의, 『이상한 나라의 앨리스』(1865)의 생쥐꼬리, 아폴리네르의 그 유명한 시집, 『칼리그람』에서의 심장 등은 이 같은 특성을 가진 텍스트라 할 수 있다. 이러한 현상은 인쇄술이 발달하지 않은 시대의 문학 텍스트, 브론테 패밀리의 특히, 샤롯 브론테의 손 글씨, 그림책, 제인 오스틴의 예술적 기량을 기르는 과정에서 볼 수 있는 손 그림 글씨책 등에서도 발견할 수 있다.

한국화, 동양화는 그림, 글씨, 혹은 글(시)가 함께 한다. 김호연에 따르면, "소동파의 시 가운데 그림이 있고 그림 가운데 시가 있다(詩中有畵 畵中有詩)"라는 말이 "시는 형태가 없는 그림이며 그림은 소리가 없는 시이다(詩無形之畵 畵無之詩)"라는 원칙으로 바뀌어 문인화의 기본이 되었다.

현대 서예의 경우는 글과 그림 합성체가 아닌 아직 분화되기 이전의 표현 양식에서 온 이코노 텍스트다. 그리고 현대 광고나 대중 매체 안에서는 점점 그림이, 도상성이 글에 우위하면서 함께하기도 한다. 이는 분화 발전 속에서 끝없이 탈 중심하면서 다시, 그 옛날로 돌아가고 있는 현상으로 읽힌다. 이는 시간적 관계 속에서 옛것과 현대의 상호텍스트성 현상이다. 이처럼 텍스트의 구조 변화는 앞의 논의에서처럼 예술가들의 창조 작업 속에서 끊임없이 이루어지고 있다. 이코노 텍스트 양상을 띠는, 정성수 시인의 시집, 『기호 여러분』도 이 같은 맥락의, 창조적 낯설게하기의 한 현상이라 할 것이다.

정성수의 『기호 여러분』에는 하나의 텍스트에 두 개의 예술 텍스트가 있다. 그림 철자 텍스트와 언어 텍스트가 그것이다. 이들은 각각 형태의 층위에 놓이는 것과 단어의 층위에 놓이는 텍스트다. 이는 바르뜨가 『모드의 체계』(systeme de la Mode)에서 말하는 글로 쓰여진 의복과 의복 그 자체와 상동성의 관계를 가진다. 『기호 여러분』의 텍스트들에서 언어 텍스트 부분은 지각을 고정시킨다. 이는 그림이 불완전하게 넘겨주거나 또는 전혀 넘겨주지 않는 정보들을 제시해 준다. 그리고 강조의 기능을 가진다. 의미 산출에서 발신자의 간섭이 수신자에게 강하게 전달된다.

한편, 철자 상징과 그림으로 이루어진 형태 텍스트 부분은 기본적으로 언어 텍스트 부분처럼 선조성을 가지지 않는다. 메시지의 수신자 입장에서 의미를 산출해야 한다. 때론 독립하여 혼자 있을 때, 그 자체만으로는 기의를 발생시키기 어려운 기표만의 상태도 있다. 이는 엠비규어티를 무한으로 발산하는 하나의 기표일 뿐이다. 이들은 제목으로 드러난 언어 텍스트 부분의 간섭에 의해 의미가 현동화되고 의미가 부여된다.

철자 그림 형태 부분은 시간적 선조성을 가진 언어 텍스트와 달리 한 순간 공간에 드러나는 기표다. 이 기표는 수신자가 가진 문화, 교육, 국가, 민족적 환경이 산출하는 상징 의미의 조건에 따라 다른 의미를 생산하게 한다. 따라서 이 부분은 수신자 중심의 열린 텍스트(open work)로 수신자 중심 읽기를 강하게 유도한다.

따라서 이 같은 텍스트를 읽기 위해서는 각기 다른 두 영역의 기호 작용과 반작용을 통해 수신자에 의해 산출되는 총체적 의미를 생산해야 하고 예술 텍스트의 궁극적 목적인 감동에 도달해야 한다. 이 같은 읽기를 요구하는 텍스트는 독자의 활동이 무한대로 확대되며 또한 엔트로피의 증대 생산을 가능하게 하는 열린 텍스트다. 그러나 수신자의 노력, 능력, 소통의 한계 밖에 멈출 때는 존재적 의미만 표출하는 텍스트가 된다.

2. 몸의 기호와 생명, 생태 기호들

『기호 여러분』에는 다양한 몸 기호 언어들이 드러난다. 이 같은 계열체를 주의깊게 읽는 것은 그의 텍스트 읽기에 중요한 의미를 가진다.

게슈탈트 심리학이나 행태학에서는 커뮤니케이션의 중요한 요소로서 다양한 기능을 가지는 동작에 관심을 두었고 이는 롤란트 포스너, 라인 하르트, 크뤼거 등 학자들에 의해 정립되었다. 그리고 바르트는 인간의 몸(짓)이 의사 소통 과정 내에서 모형화 된다고 정의하고 있다. 그는 『모드의 체계』에서 우리가 말하고 소통하는데 가장 중요한 것은 바로 장소라고 했다. 이 장소라는 공간은 신체 없이는 성립되지 않는다. 인간의 몸(짓)은 기호다. 우리는 몸을 통해 타인 또는 세계와 타자와 소통하고 주체를 세계에 속하게 할 수 있다. 이를 확장하면 몸은 우주와의 커뮤니케이션을 하는 몸 공간 기호다.

이 같은 이론들을 배경으로 하여 『기호 여러분』에 나타나는 몸 기호를 분석해 보도록 하겠다. 먼저, 「자궁 속 전화」를 보면 동그라미 안에 전화가 하나 그려져 있다. 이 텍스트에서 전화는 태아를 형상화한 몸 기호다. 이 같은 태아는 형태상 상동성을 가지는 상징의 다리를 너머 자궁 속 전화, 통신체가 된다. 어머니와 태아뿐 아니라 어머니, 아버지의 양쪽 혈통 속의 조상과 커뮤니케이션한다. 그뿐 아니라 미래의 후손과도 커뮤니케이션하는 통신체, 몸의 기호로 읽힌다.

그리고 「가장 큰 우주는 생식기」에서는 생식기를 형상화한 그림과 언어 텍스트를 만날 수 있다. 총체적인 의미 추출 작업 속에서, 생식기와 우주가 동일시 된다. "가장 큰 우주는 생식기"라 했기 때문이다. 그리고 생식기와 소통하는 우주의 세계가 텍스트 밖으로 무한으로 확장된다.

다음으로 「제에발 다리를 벌리세요」에서는 다리를 상징하는 두 개의 평행선이 등장한다. 서 있는 다리가 아니라 누워 있는 다리다. 수평으로 있는 두 개의 선으로 그려져 있기 때문이다. 서 있는 다리는 지탱해 주는 지지체의 기호다. 그러나 누워 있는 다리의 기호 의미는 다르다. 이는 성적 관계에서 일반적으로 피동적 의미를 가지는 여성을 대상으로 하는 기호로 읽힌다. 그리고 이는 자신의 여성 또는 자궁을 보호하기 위해 직선으로 잠궈 자신의 몸을 지키는 기호로 읽힌다. "제에발 다리를 벌리세요"는 가랑이 또는 나아가 자궁까지도 열기 위한 언술일 수 있다. 이는 자궁을 통한 몸과 몸의 커뮤니케이션을 위한 기표들의 묶음으로 읽을 수 있다. 누워 있는 다리는 가랑이 그리고 그 내부의 자궁을 잠그고 열 수 있는 문, 자물쇠의 역할을 하기 때문이다.

또한, 「수평선 위로 자궁이 뜨네」에서는 수평선을 의미하는 직선 위에 원형의 해를 그려 놓은 그림 텍스트를 만날 수 있다. 여기서는 몸 기호, 자궁이 자연의 해로 사물화 된다. 이 같은 사물화 속에서 자궁은 해가 되고 있다. 자연의 해와 인간의 자궁은 생명을 키우는 동일 의미의 기표들이다. 이들은 목숨을 키우는 동일 기의를 가지는 기표들이다. 몸 기호, 자궁은 해가 되어 떠오르고 있다. 그리고 자궁은 해와 상동성의 기표로 읽히면서 우주와 소통하는 공간으로도 분석된다.

그리고 「그대 유방엔 젖꼭지가 없다」에서는 거울을 통해 본 숫자 3의 그림 기호를 볼 수 있다. 거꾸로 된 숫자 3에서 젖꼭지 없는 유방을 연상하게 한다.

또한 이 같은, 원초적 본능, 성과 관련한 몸의 기호로, 몸 이전의 몸, 정자에 관한 기호 공간이 있다. 「사람으로 가는 길」에는 정자의 모습을 길게 그린, 두 개의 S자 그림 텍스트가 나타난다. 이러한 정자의 모습은 길로 환언되고 있다. 이는 몸 이전의 몸 기호로 읽힌다. S자를 길게 그린, 정자의 그림 형상 텍스트는 「연인들의 산책」에서도 다시 나타난다. 정자 형상 몸 텍스트, 길게 쓴 S가 두 개 겹쳐 그려져,

두 명의 사람으로 기의를 유도하며, 이들은 다시 원형으로 묶여 하나 된 두 사람의 행복한 산책을 기의로 생산하고 있다.

그리고 「정자는 질주하며 소리를 내지 않는다」에서는 사각의 면에 다만 두 개의 점을 기표로, 소리 없는 신비 속에서의 사람으로 향하는 정자의 질주를 기의로 말하고 있다.

이상의 텍스트들에서는 성과 관련한 원초적 본능 그리고 그와 관련한, 몸 기호들을 통한, 커뮤니케이션을 읽을 수 있고 이는 우주까지 확장되고 있다.

성과 관련한 원초적 본능과 몸 기호 외에 또다른 몸 기호들이 있다. 「피뢰침일까, 하느님의 손가락은」에서는, 검지를 특별히 긴 듯하게 그려 손 히니를 세워 그린 그림 텍스트를 만날 수 있다. 이는 언어 텍스트 부분, 제목과 호응하여 신과 인간의 커뮤니케이션, 인간의 고난과 어려움을 알아차려 때론 날벼락 같은, 그 많은 어려움을 막아 줄 수 있는 것일까를 생각하게 하는 텍스트다. 이때 하느님의 손가락은 신과 인간의 커뮤니케이션, 그리고 인간에게 오는 낙뢰 같은 고난을 막아 줄 수 있는 대상체로의 기호다. 여기서, 몸 기호를 통해 인간과 신의 커뮤니케이션에 대한 물음을 던지고 있다.

그리고 두 개의 동그라미를 직선으로 이은 그림 텍스트를 가진, 「하느님 눈 속에는 눈동자가 없다」는 눈으로 보지 않아도 한 번에 더 큰 눈 아닌 눈으로 파악하는 전지전능의 세계를 기의로 추출할 수 있다.

「바보들의 행진」에서는 엄지 손가락을 세워 내미는 그림을 보여 주고 있는데 베르린 동작 사전(문화적 집단 기억이 침전된 문학 작품 영화 삽화 등의 매체로부터 동작 기호의 역사적 연원을 추적, 화행론적 기술을 보완하고 있고 디킨스의 『올리버 트위스트』, 빌헬름 부쉬의 『막스와 모리츠』 등의 손가락 기능의 다양성을 보여 주고 있음)

에 의하면 긍정적 평가의 의미를 가지고 있고 이는 이 같은 몸 기호에 대한 일반화 된 기의다. 그러나 이 텍스트에서는 "바보들의 행진"이라는 언어 기표에 의해 몸 기호, 그림 텍스트의 일반적 의미를 낯설게 하고 있다.

「그 누구에게나 있고 그 누구에게나 없다」는 이미 널리 일반화된 몸기호, 승리의 의미, 빅토리의 이니셜을 나타내는 몸 기호가 보이며 이는 일반적 기의와 일치하고 있다. 그리고 그림 텍스트 부분에, 두 개의 점 뿐인 「콧구멍이 두 개인 이유」, 위로 휜 곡선을 그린 그림과 「웃는 눈은 왜 위로 휘어지는가」는 수신자 입장에서 볼 때 존재적 의미로만 읽힌다.

그리고 『기호 여러분』에는 앞에서의 분석처럼 몸 기호를 통한 우주, 신과의 커뮤니케이션을 말하는 텍스트들이 나타나지만 몸 기호 이외의 텍스트들에서도 우주, 신에 대한 언술들이 다중으로 드러난다. 「하느님 정치 수법」에서는 동그라미를 정확하게 반으로 꿰뚫고 있는 직선을 그린 그림 텍스트와 함께 하느님의 정치 수법이 공정하고 정확하며 틀림 없음의 총체적 기의를 생산할 수 있게 한다. 사각 편지 봉투 그림과 함께하는 「아무도 신에게 편지를 보내지 않는 구나」는 신을 더 이상 신봉하려 하지 않는 현대 사회의 신과의 커뮤니케이션 단절을 기의로 읽을 수 있다.

또한 눈물방울 하나를 그린, 「천사, 그 눈물의 빛깔」은 인간의 슬픔, 고통을 눈물처럼 씻어 주는 천사의 총체적 기의를 생산하고 있다. 하느님, 천사와 같은 신을 대상으로 하는 텍스트들과 함께 「우주 끝에는 천장이 살고 있다」, 「우주는 빈 의자」 등은 모두 우주를 오브젝트로 하는 텍스트들이다 .

이와 아울러 달, 별을 오브젝트로 하는 것들이 있다. 「그믐 달 속의 작은 별」, 「별들은 대낮에도 잠들지 않지」에서는 그믐달의 어둠 속에서도 빛나는, 어두워서 더욱 빛나는 작은 별, 그리고 별의 밤인 대낮에도 잠들지 않고 제 일을 하고 있는 별의 충직한 노동을 말하고 있다. 그리고 「추락하지 않는 건 별이 아니지요」에서는 빛남의 그 후, 모든 있는 것들의 존재 법칙에 따라 추락하는 별의, 존재론적 기의가 드러나고 있다.

그리고 지구를 대상으로 하는, 눈썹 또는 놀란 모습의 지구 눈썹을 그린 두개의 선 아래 놀란 듯 동그란 눈을 보여주는, 「지구야 놀라지 마라」가 있다. 이는 인간의 자연 파괴에 놀라는 지구의 얼굴로 읽힌다. 「누가 지구를 향해 종을 울릴까」는 같은 계열체로, 인간에 의해 파괴를 당하고 있는, 지구를 위해 종을 울릴 무엇을 희구하는 총체적 기의를 찾아 낼 수 있다.

또한, 동그라미에 화살표를 그려 놓은 「지구별에는 이상향이 살고 있다」는 도연명의 도화원기에 나타나는 무릉도원을 찾아가는 기표로 읽힌다. 무릉도원의 이상향 찾기는 도연명 이후, 동양 예술 전반에 걸쳐 드러나고 있다. 그리고 서양에서는 캐럴의 『이상한 나라의 앨리스』 계열 판타지 예술에서 또한, 최근의 포스트모더니즘 예술에서 강조되고 있는, 현실을 일탈하고 떠나는 그래서 결핍을 치유하려 하는 일면의 경향으로 강하게 드러나고 있다.

생명과 환경 관계를 연구한, 웩스퀼(Jakob von Uexkull)에 의하면 환경은 결코 바깥에 있는 외부 세계가 아니라 모든 유기체의 주관적 세계인 움벨트로서, 유기체의 지각을 통해 주어지는 내부 세계를 비롯하여 환경과의 상호 작용에 대한 특수한 조작적 세계로 이루어진다고 했다. 그리고 유기체인 주체는 환경 속에서 자기적 조작적 기관을 갖춘 의미의 수신자로 파악한다. 그리고 움벨트와 내부 세계 사이엔 상보성 관계가 있다 . 또한 유기체는 자신의 환경을 구성하는 주체다.

그리고 기호학적으로 보아 유전은 기호학적 생존으로서 미세한 세포, 즉 성적으로 자기 복제를 하는 부화된 알의 게놈 속에 포함된 메시지를 통하여 이루어지는 생존이다. 생명기호학은 유리 스테파노프, 웩스쿨, 호프마이어 등에 의해 발전 되어 왔다. 호프마이어는, 살아 있는 유기체는 조상들로부터 이어 받은 DNA 형태의 자기 기술을 갖는다. 이는 조상들의 경험을 요약한 것이며 미래 세대에 보내지는 메시지라 했다.

또한 생태 기호학의 초점은 기호와 세미오시스의 과정을 통해서 인간들이 자신들의 환경과 상호 작용하는 방식에 관심한다. 헤켈(Ernst Haeckel)에 의하면 생태 기호학은 유기체와 외부 환경 사이의 관계를 연구하는 과학이다. 그리고 생태 기호학은 환경을 피괴시키고 있는 쓰레기, 핵, 연료 소비 등에 대해 깊은 관심을 둔 연구를 하고 있다.

『기호 여러분』에서는 이상에서 분석한 바와 같이 원초적 본능인 성적 세계를 통한 생명 존재의, 우주까지의 연결 체계를 읽을 수 있다. 그리고 성적 복제를 통한 자기 복제, 그를 통한 임신 현상, 태아를 소통의 도구, 전화로 읽게 한다. 이는 유리 스테파노프, 웩스쿨 등에 의해 발전한, 생명 기호학적 입장에서의 유전, 생명의 메시지 교환을 읽게 한다.

한편, 「아무도 신에게 편지를 띄우지 않는 구나」에서는 신과 인간의 커뮤니케이션 단절을 그리고 「지구야, 놀라지 마라」, 「누가 지구를 향해 종을 울리나」 등에서는 인간에 의한 지구 환경의 파괴 등에 대한 생태 기호학적 세계에 대한 관심을 추출하게 한다. 또한 이 같은 파괴의 징후 속에서 지구의 어딘가에 있다고 말해 온 도연명적 이상 세계로의 탈출구를 지향하고 있다.

3. 개별적 내면 세계의 기호들

『기호 여러분』에는 화자의 심리적 내면 세계의 기호로 읽히는 텍스트들이 있다. 「살아온 날들을 빼 주세요」에서는 늙음의 자각을, 「내 나뭇가지는 한 쪽으로만 뻗어 가네」에서는 금지의 땅, 과거로 뻗어 갈 수 없는 현재의 자신의 삶을 읽을 수 있다.

그리고 「내 마지막 사춘기」에서는 직선의 선분으로 표징 된 땅 아래 묻힌 자신을 U자를 거꾸로 그린 모습으로 그려 놓은 그림 텍스트를 만날 수 있다. 이는 언어 텍스트 부분과 관련한 총체적 의미로 볼 때 죽음 이후, 씨처럼 땅에 묻혀 재생의 봄을 기다리는, 봄을 생각하는 죽음 후의 세계를 보여 주는 텍스트다.(이 텍스트는 엘리엇의 황무지를 떠올리게 한다.) 그리고 엑스의 기표와 함께하는 「존재 속에서 사라졌다, 나는」도 죽음 후의 주체를 전언하는 텍스트로 읽힌다. 이 계열체는 모두 늙음, 죽음과 관련한 텍스트들이다.

또한 「나와 나 사이」에서는 내면적 갈등을 직선의 선분 위에 U자를 맞 그려 넣어 내면적 나와 나 사이의 갈등을 보여 주고 있고 「내 가슴 속에 감옥이 살고 있네」에서는 네모 안에 창살을 그려 넣은 그림 텍스트로 심리적 갇힘의 의미를 수신하게 한다. 그리고 「내 입술은 왜 웃지 못하지」는 우울한 내면 세계를 보여 주고 있다.

이 같은 계열체들은 모두 화자의 개별적 존재자로의 우울, 존재자적 내면의 갈등, 늙음, 죽음에의 심리적 자세를 발신하는 텍스트들이다.

4. 사회적 개체로서의 수평적 커뮤니케이션, 세미오시스

호프마이어는 생명은 커뮤니케이션 또는 세미오시스라 했다. 그리고 샤로프는 미래의 세대들에 대한 커뮤니케이션을 수직적 세미오시스라 했다. 그리고 공존하는 유기체들 사이의 커뮤니케이션은 수평적 세미오시스가 된다. 다음은, 『기호 여러분』에서 생산되는 시회적 개체로의 수평적 커뮤니케이션을 읽도록 하겠다.

우선, 「사람과 사람」은 휴먼의 H를 그림 텍스트로 넣고 있다. 이는 두 개의 직선 사이에 수평의 연결선을 넣어 사람들 사이의 관계를 전언하고 있다. 「이 세상 모든 고독한 존재에게」는 '&'를 그려 넣어 고독을 넘어 함께하자는 메시지를 발신하고 있다. 「나는 너의, 너는 나의」의 플러스 그림 기표는 서로 기대고 서로 이웃하는 사람들의 사회적 관계를 보여 주고 있다.

그리고 「갈수 없는 나라」는 기표, 1/2와 함께 한다. 이는 쟈크 데리다의 1/0을 읽게 한다. 거울 단계를 넘으면서 엄격한 사회적 규칙이나 규범, 질서 속에 묶이는 사람의 내면과 행동 사이의 간극 그리고 사회적 관계가 더욱 가해짐에 따라 증가하는, 강한 나뉨, 반대편으로 갈 수 없음을 선분으로 표징하는, 상징계 속에서의 내면과 외면의 깊고 깊은, 인간적 갈등을 메시지로 수신할 수 있다. 이 같은 계열체들은 화자의 우울, 존재자적 갈등을 발신하는 텍스트들이다.

또한, 「파도, 나는 너에게 너는 나에게」에서 보이는 물결무늬 그림과 「그대에게 띄우는 3색 뇌전파」의 세 번 반복된 물결 무늬형 그림은 서로 상동성을 가진다. 이는 한 생명체와 생명체 사이의 메시지 보내기를 보여 주는 텍스트로 읽힌다.

그리고 사랑과 관련한 언술의 텍스트들이 있다. 그 중, 회상의 텍스트로 읽히는, 「아지랑이, 나의 첫사랑」이 있다. 이는 봄날의 지표에 오르는 아지랑이를 기표화한 S자를 길게 늘려 그린 그림 텍스트와 언어 텍스트의 고정 사이에서 아련한, 젊은 날의 사랑이 들려 주는 행복의 기의를 울려 퍼지게 하고 있다.

「사랑을 주시려거든」에서는 7/8을 써 넣었다. 이는 사랑을 주시려거든 자신이 가진 여덟 중 일곱은 달라는 이야기로 읽을 수 있다. 또한 「사랑의 끝」에서는 세모 기표를 그려 넣어 처음의 전혀 모르는 X도 아닌 사랑하는 상태의 O도 아닌, 사랑이 끝난 후의 세모형 관계를 메시지로 읽을 수 있다. 그리고 「이별의 끝」에서는 U 자를 거꾸로 놓은 그림이 있다. 이는 혹독한 슬픔을 주는 이별 그 후, 만남—이별—다시 만남의 기호, 교집합에의 기원을 보이는 메시지를 읽을 수 있다.

아울러, 「인연은 자주 배신을 하지」에서는 화살을 단 두 개의 선이 맞난 지점 이후 반대 방향으로 가도록 겹쳐 놓고 있는 그림 텍스트를 만난다. 여기서 인연 그리고 인연 후의 등 돌리기를 읽을 수 있다. 또한 「이별의 힘」에서는 직선의 양쪽에 화살표를 붙여 둔 그림이 있다. 이는 서로 다른 양 방향으로 가는 이별의 힘을 의미 생산하고 있다. 이들은 모두 등 돌리기다.

「적과의 키스」는 검정과 흰색의 세모형, 두 개의 뾰죽한 면을 맞대어 그린 기표와 함께한다. 내면 상 전혀 다르지만 겉으로만 좋은 척하는 사람과 사람 사이의 커뮤니케이션을 읽게 한다.

또한 「어머니의 십자가」에는 십자가에 하나 더 겹친 횡선의 ,이중의 십자가를 그린 그림 기표가 있다. 이는 십자가보다 더한 십자가, 즉, 더한 희생을 의미 생산하게 한다. 이는 까만 동그라미 좌측에 짧은 꼬리를 붙여 놓은 그림과 함께 하는 텍스트, 「여자의 일생」과 계열체로 묶인다. 여자 팔자는 뒤웅박 팔자라는 옛말처럼, 결혼 관계로 누구에겐가 매이게 마련인 여자, 매인 후, 특히 출산으로 자녀와의 인간 관계가 형성되어, 어머니가 된 후의 희생을 메시지로 수신하게 한다.

『기호 여러분』의 텍스트들은 두 개의 다른 영역으로 구성된 하나의 텍스트들이다. 제한적 범주를 주는, 비교적 발신자의 간섭이 강한 언어 기표와 수신자 중심 읽기의 영역을 무한으로 확보하여 엔트로 피를 확대 생산할 것을 권유하는 또 하나의 입을 가진, 복합성의 울림을 추출하게 하는 텍스트다. 따라서, 움베르또 에꼬가 말하는, 열린 예술작품(open work)에 참여하는 수신자를 바쁘게 한다. 이는 바르뜨가 아니라도 텍스트의 즐거움으로 깊이 들어가게 한다.

| 해설 |

천상의 향수와 지상의 향기

천상의 향수와 지상의 향기

임 보
(시인·충북대 교수)

시작하는 말

……(전략)…… 초등학교 5학년에서 중학교 1학년 때까지는 내가 창작한 장편만화를 반 아이들에게 시리즈로 돌려 보여주는 것이 유일한 낙이었다.……(중략)……초등학교 6학년 때 교단 앞으로 불려나가 담임 선생님으로부터 '천재'라는 소리를 들으며 어깨 두드림을 당한 이 천재 아닌 천재소년은, 그러나 중학교 2학년이 돼서야 본격적으로 시와 소설을 쓰기 시작했다.

—『우이시』 제132호

앞에 인용한 글은 정성수 시인이 쓴 「김소월의 〈초혼〉」에서 자신의 유년을 회고한 한 부분을 발췌한 것이다. 담임교사가 '천재'라고 칭찬한 것을 본인은 '천재 아닌 천재'라고 겸손하게 표현하고 있지만, 중학교 3학년 때 처녀시집 『개척자』를 발간했으니 그가 얼마나 조숙했던가를 미루어 짐작할 만하다.

시인은 원래 기질적으로 보통 사람들과 다르지만, 정성수 시인은 시인 가운데서도 유별난 데가 적지 않다. 보통사람은 감히 엄두도 못 내는 일을 그는 과감하게 저지른다. 안정된 교사직을 일찍 내던진 것도 그렇거니와, 시(市) 의원에 출마했던 일화며, 올림픽 조직위원으로 활동했던 경력이며… 시인의 기질과는 잘 어울릴 것 같지 않은 적잖은 이력들을 그는 지니고 있다. 아직 이른 나이에 서울을 등지고 양평의 깊은 산골에 들어가 은거(?)의 결단을 내리게 된 것도 아무나 할 수 있는 일은 아니다. 그의 다양한 재능과 열정적인 꿈, 그리고 천재적 기질이 그를 시 하나에만 매달리도록 허락하지 않았던 것 같다.

나는 평소 정 시인의 시를 접하면서, 타고난 감각으로 잡아낸 번득이는 이미지와 유연한 문채(文彩)에 자주 매료되곤 했다. 이번의 시집 『사람의 향내』에서도 그런 감동이 아직 녹슬지 않고 건재함을 확인할 수 있었다. 정 시인의 시의 본적은 낭만적 서정주의라고 할 수 있다. 이지나 의지적인 요소보다는 주정적인 요소가 지배적이다. 즉 머리나 배가 아닌 가슴으로 쓴 시다. 그래서 시가 메마르지 않고 촉촉하며 부드럽게 우리의 심금을 파고든다.

나는 이 시집을 읽으면서 그의 작품들을 관통하는 주된 정조가 '고독' 임을 파악했다. 그리고 그 '고독' 이 어디에서 비롯된 것이며 또한 그것이 어떻게 극복될 조짐을 보여주고 있는가를 내 나름대로 추적해 보았다. 결론부터 말하자면 그의 '고독' 의 요인은 천상 지향의 세계관과 지상과의 불화에서 기인한 것이라 할 수 있다. 이 두 요인은 크게 보면 한 뿌리로 귀결지을 수 없는 바는 아니지만 이 글에서는 둘로 나누어 살펴보았다. 그리고 그 '고독' 은 세상을 긍정적으로 보는 시각이 열리면서 극복의 기미를 보이는데 이 부분도 '삶에 대한 자각' 과 '사람에 대한 긍정적 인식' 의 두 항목으로 나누어 기술했다.

천상과 원형에로의 향수

적지 않은 시인들이 초월의식을 지니고 살아간다. 이백의 '적선(謫仙) 사상'이나 보들레르의 '본향(本鄕)에의 향수'가 그 대표적인 예라고 할 수 있다. 말하자면 시인들은 지상의 현실과 잘 어울릴 수 없는 까다로운 성격의 소유자들이다. 그래서 그들은 천상의 유민(流民) 의식을 지니게 된다. 그리하여 지상적 삶이 힘겨울 때 그의 고향인 천상을 엿보며 향수에 젖는다.

> 내 고향은/ 저 하늘 속이다// 아무도 기억하지 못하는/ 최초의 자궁!
>
> —「내 고향은 저 하늘 속」 전문

> 나에겐 과거가 없다/ 지금 막 지상에 내렸다.
>
> —「과거 없는 사내」 전문

> 그네를 탄다, 홀로/ 닿을 수 없는 저 하늘의 자궁 속으로…!
>
> —「내 생애는 그네타기」 부분

앞의 예시들에서 보듯이 화자는 자기가 태어난 곳이 지상이 아니라 천상이라고 생각한다. 자신의 고향을 '하늘 속' 곧 천상으로 설정하고 있다. 하늘이 곧 화자가 태어난 자궁이다. 또한 그는 '이제 막 지상에 내렸다'고 그가 지상의 족속과는 다른 천상족임을 선언한다. 그러니 지상에서의 이력은 있을 까닭이 없다. 그래서 '내 과거는 없다'고 토로한다. 이는 「내 고향은…」의 '아무도 기억하지 못하는'과도 맥락을 같이한다. 천상의 자궁 의식은 「내 생애는 그네타기」에서도 드러나 있다. 그러나 '하늘의 자궁' 곧 그의 본향은 되돌아갈 수 없는, 닿을 수 없는 격리된 피안의 세계임을 자인한다. 여기에 비극이 있다.

천상 지향 곧 지상으로부터의 도피 의지는 다음의 작품에서처럼 원시(原始)를 꿈꾸기도 한다.

> 내 죽어/ 아메바로 부활할거나/ 가장 원시적인 이름으로/
>
> 어지러운 세포 가닥들/ 다 풀어 던지고/ 한 개의 눈짓으로 떠다니는 단세포/ 하나의 일/ 한 가지 사랑만을 생각하는/ 거울처럼 단순한 사나이/ 해맑은 액체가 속살의 전부인/ 썩은 식물 위에서/ 제일 깨끗하게 숨쉬는/ 한 마리의 하얀 아메바!
>
> —「아메바」 전문

> 나 죽으면 바다로 가리/ 내 조상 아메바가 숨쉬는 또 하나의 하늘로/ 그냥 맨발로 떠나리/ 내 일찍이 파도 속에서 태어났으므로/ 낯선 객지를 돌고 돌아 그곳에 닿으면/ 눈먼 내 알몸 감쌌던 양수의 물결/ 아직도 태초의 비린내를 풍기고/ 배꼽 위에 매달렸던 긴 탯줄/ 겨울 달빛에 젖은 채 창백하게 떠 있으리
>
> —「나 죽으면 바다로」 부분

지상의 복잡한 일들, 거추장스런 감각의 간섭으로부터도 헤어나고자 한다. 그래서 그는 진화하기 이전의 가장 단순한 생명체였던 아메바로 되돌아가고 싶어한다. 가장 원시적인 생명체 아메바, 모체의 양수 속을 헤엄치고 다녔을 원초적인 단순 세포로 회귀하고자 한다. 그것이 지상적 번민과 속박으로부터 벗어나는 길이라고 생각했으리라. 지상적 현실에서 일탈하고자 하는 그의 염원은 다음의 작품에서도 극명하게 드러난다.

두 발로 땅 위를 걷는 일엔/ 이제 지쳤다/ 요즘 나는 진화하고 있는 중이다/ 부풀어오르는 부레주머니와/ 지느러미 몇 개/ 날갯죽지 둘/ 저 끓어오르는 바다와/ 푸른 하늘은 모두/ 내것이다/ 날 찾지 마라/ 지상에서 바다 속으로/ 별에게로/ 날마다 나는 이동 중이다.

—「한여름밤의 진화론」 전문

그는 이제 지상에서 두 발로 걷는 일에 지쳤다고 한다. 그래서 지상을 벗어나기 위해 몇 개의 지느러미와 두 개의 날갯죽지를 기르며 물고기와 새의 몸으로 진화하고 있다는 것이다. 바다를 헤엄치고 공중을 날아 천상의 본향으로 돌아가고자 하는 욕망이다. 이것은 과거 지향의 회귀 의지이므로 그의 '진화론'은 사실 '퇴화'에 대한 역설적 진술인 셈이다. 그러나 천상 지향이나 원시 회귀의 꿈은 성취될 수 없는 것이므로 절망을 낳을 수밖에 없다. 그 절망에 고독이 뿌리를 박고 자라난다.

그러나 그의 천상 지향의 비상(飛上)은 다음과 같이 단호하고 준엄하다.

한 번 둥지를 차오른 새는/ 다시 지상에 내려앉지 않는다/ 쉬지 않고 날아갈 뿐// 눈 내리는 허공에 문득 정지할 뿐/ 그 순간/ 수직으로 아득히 추락할 뿐// 깃털의 흔적조차 보이지 않을 뿐.

—「날아가는 새」 전문

허공을 날다 비록 목숨의 끝에서 추락할지언정 결코 지상으로 돌아오지 않는 강인한 새, 곧 시인의 의연한 기상을 엿볼 수 있는 작품이다.

떠도는 자유인의 고독

지상과 궁합이 맞지 않은 시인은 떠돌이가 될 수밖에 없으리라. 지상의 이방인은 홀로 방랑하면서 방황한다.

> 오늘은/ 길거리에서/ 길을 잃었어요// 어제는/ 길이 아닌 길을/ 걸었죠// 비밀이지만/ 오늘은/ 스스로 길을 잃었어요.
>
> ―「오늘은 미아가 되다」 전문

> 세상 속 떠도는 마침표/ 하나// 어디로 갈까?// 눈보라 날리고/ 비보라 몰아치는데// 어디로 가지?// 무한 공간 속/ 떠돌이로 헤매는// 지구와 해와 별 사이를/ 정처없이 오가는// ./ 영혼 하나/ 어디서/ 발걸음을 멈추지?// 어느 별에서/ 우주의 문을 닫지?
>
> ―「세상 속 떠도는 마침표 하나」 전문

> 그는 노래를 불렀지/ 낮은 목소리로// 방안을 돌며/ 마당을/ 마을을/ 오솔길을/ 숲속을/ 섬을/ 나라를/ 지구를 돌며// 조금씩 사라져가며// 노래를 불렀지/ 이 세상 모든 이야기들을 낮게/ 더욱 낮게// 혼자서/ 혼자/ 혼/ 호/ ㄴ……
>
> ―「노래하는 사내」 전문

의도적으로 외도와 일탈을 하면서 길을 잃은 '미아'가 된다. 그는 광막한 우주 속에 외롭게 떠도는 한 점 마침표다. 어디로 가야 할지 어디서 발걸음을 멈추게 될지도 알지 못한 채 비바람 눈보라 속을 헤매고 있는 방랑자다. 「노래하는 사내」 역시 유랑하는 가객의 외로움을 그린 것인데 시인 자신을 객관화한 것임은 두말할 것도 없다.

그는 방랑자로서의 자신의 쓸쓸한 모습을 모래밭을 방황하고 있는 '집게' 에게서 발견한다.

> 헐벗은 자유인// 죽은 자의 빈집을 십자가처럼 등에 지고/ 지상의 황홀한 이름 다 벗어놓고/ 끝없는 모래밭을 걸어가는 이여// 혼자서 부르는 노래가 끝나면/ 걸음을 멈추고/ 제 시신을 집 속에 묻는구나.
>
> —「집게」 전문

죽은 자가 남긴 껍질을 자신의 집인 양 등에 업고 모래밭을 바장이고 있는 집게, 헐벗은 자유인, 바로 시인 자신의 자화상이라고 보아도 좋을 것 같다.

그러나 그는 평생의 방랑이 무위한 것임을 스스로 깨닫는다.

> 그대는 아마도 알 것이다// 한평생 나는 한 발짝도 움직이지 않았다// 나이를 먹고 다시 나이를 먹을 때까지// 나는 늘 그 자리에 서 있었다// 끝없이 움직인 것은// 저 펄럭이는 하늘이고// 높이 솟아오른 산봉우리이고// 허공을 감춘 몇 덩어리의 구름자락이었다// 나는// 푸른 지구 위에서 고요하였다.
>
> —「한평생 나는 한 발짝도」 전문

시인은 한평생 한 발자국도 움직이지 않았다고 주장한다. 움직인 것은 그를 둘러싼 자연이었지 그는 이 지상에서 고요했다고 역설한다. 방황과 비상, 아무리 발버둥이 쳐 봐야 인간은 지상의 조건을 한 치도 벗어날 수 없음을 깨닫는다. 비록 산을 헐고 강을 막는 대역사를 이룩했다손 치더라도 이는 신의 권능 안에서 이루어진 것임을 생각하면 허탈에 빠질 수밖에 없으리라. 시인은 자신의 무능과 한계를 느끼면서 세상이라는 사탄에게 타협의 눈길을 돌리기 시작한다.

> 낯선 손님이시여, 거침없이 문을 여시라/ 터엉 비어있다/ 내 영혼의 작은 방// ……(중략)……// 비어있다, 나의 방은 그렇게/ 아무도 드나들지 않는 방// 사탄이여// 내 영혼의 작은 방을 팔겠다// 나에게 무엇을 주겠느냐?
>
> ―「내 영혼의 방은 비어있다」 부분

삶에 대한 지각

그는 지상에 이상적인 나라를 꿈꾼다. 그 나라는 '모두가 왕이면서 모두가 신하인' 평등의 나라이며 순수가 지배하는 평화의 나라다. 그 속에는 가족의 행복이 있다.

> 청옥의 가슴 속에/ 물 한 방울 품은 위대한 가족들/ 마주치면 숨가쁜 포옹/ 목숨이 끓는 소리// 저 눈부신 햇빛의 폭포 속에서/ 이대로 죽어도 좋아라/ 사는 일은 더욱 좋아라.
>
> ―「내 이름은 몽상가」 부분

그 나라는 '목숨이 끓는 소리가' 들리는 생명이 고동치는 나라다. 그런 나라에서는 '죽어도 좋다' 고, 아니 '사는 일이 더 좋다' 고 삶에 대한 긍정적인 자세로 돌아선다. 더욱이 다음의 「나의 발정기」에서는 인간의 체온을 그리워하는 열정을 쏟아내기에 이른다.

> 나는 우울하다/ ── 연두색 봄날 자지러지게 폭발하고/ 나는 발정기

다, 또 다시/ — 독한 비린내 지글지글 끓어오르고/ 나는 벗어 던진다, 겨울 외투자락/ — 알몸의 살 내음이 암내같다/ 나는 무한히 번식하고 싶다, 온 우주에/ 나의 속살은 천 년 전의 깃털처럼 가볍다/ 나는 천지사방에 타전한다/ 나를 주겠다고, 나는 뜨거운 알몸이라고 / 나의 신호를 접수할 수신기가 안 보인다/ 나는 무작정 꿈꾼다/ 나는 거칠고 사나운 꿈꾼이다/ 나는 계속 나를 타전한다/ — 나는 맛있다고… —「나는 발정기」 전문

천지사방에 타전을 하여 자신의 몸을 받아들일 누군가를 탐색하지만 찾을 수가 없다. 천상의 사이클을 공유한 사람을 얻기가 어찌 쉽겠는가. 그러나 그는 꿈을 버리지 않고 자신의 몸을 접수할 수신자를 찾고 있다. 그의 타전은 지상을 향해 던지는 구애의 몸짓이다. 마치 거리의 여인이 자신의 몸을 내놓고 호객행위를 하듯 그는 자신을 지상에 접목시킬 누군가를 찾는다. 실로 놀라운 전환이 아닐 수 없다. 천상의 유민으로 자처하며 그렇게 오만하던 귀족이 이제 지상의 평민으로 귀화하려는 것이다. 그러나 그것은 하강이 아니라 인식의 전환일 뿐이다. 천상에 두었던 이상향을 지상에서 구하려는 것이다.

한때는 나도 죽음을 꿈꾸었었지/ 아스라한 무덤의 언덕 저 너머/ 꿈 같은 저승이 숨어있는 줄 알았지/ 자살은/ 인간만의 위대한 예술이라고/ 신에게 띄우는 최후의 도전장이라고/ 나 자신에게 베푸는 마지막 사랑이라고/ ……(중략)……/ 나는 변절자인가?/ 시퍼렇게 오늘도 나는 살아서/ 소주잔 높이 들고/ 친구 홍상표에게 은밀히 속삭인다/ 지상이 천국이라고…

—「한때는 나도 자살을 꿈꾸었다」 부분

천상을 꿈꾸던 그가 아직도 시퍼렇게 생존해 있는 자신을 보면서 '나는 변절자인가?' 라고 자문한다. 그러나 술잔을 높이 들고 친구에게 속삭이는 말은 '지상이 천국' 이라는 것이다. 그의 지향점이 천상에서 지상으로 전환되었음을 확인할 수 있다.

> 한평생 나는 사기를 쳤네/ 언제나 추운 앞마당 내다보며/ 보아라, 눈부신 봄날이 저어기 오고 있지 않느냐고/ 눈이 큰 아내에게 딸에게 아들에게/ 슬픈 표정도 없이 사기를 쳤네//
>
> —「사기꾼 이야기」 부분

> 나는 알지, 내가 복제인간이라는 것을/ 그러므로 떠난다, 나는/ 도처에 숨은 나의 그림자를 찾아서/ 외투 속에 비수를 품고/ 떠돈다, 낮게/ 정체불명의 군중 사이로/ 목소리를 감추고 괴도 루팡처럼 은밀히/ 수없이 변장을 하고 덫을 숨기고/ 암호를 뿌려놓고/ 숫자를 알 수 없는 복제인간 정 —「복제인간 정」 부분

그러나 그의 지상적 삶은 순조롭지만은 않다. 세상살이는 자신의 뜻대로 잘 되지 않는다. 그래서 가족들의 기대와는 달리 실망을 안겨주는 때가 많다. 가족들의 기대를 저버리며 무능한 생활인으로 살아온 자신을 시인은 '사기꾼' 이라고 혹독하게 자책하고 있다.

한편 세상을 살아가고 있는 자신의 모습을 놓고 '복제인간 정' 이라고 비판하고 있다. 자신의 진면목을 숨긴 채 상황에 따라 가면과 가식으로 위장하며 사회생활을 해야 하는 자신을 '복제인간 정' 곧 '가짜 나' 라고 고백하고 있다. 지상에서의 행복 찾기란 그렇게 만만한 일이 아니다.

사람에 대한 긍정적 인식

지상에 대한 가치관이 바뀌면서 지상의 주인공인 '사람'에 대한 인식도 긍정적으로 변한다.

> 보이네요/ 속살 밖으로 스며나온 당신의 향기/ 하늘색 옷자락 휘감아돌다가/ 소리없이 번져나가네요, 물무늬처럼// 봄 햇살 쏟아지는 네거리에서/ 등 굽은 행인들 서성이는 대낮/ 말없는 당신의 눈 들여다보면/ 꿈꾸듯 온몸 빨려드네요// 꽃잎 벙그는 숨가쁜 순간/ 귓불 시린 지상에서/ 나 또한 한 떨기 꽃송이처럼 열려// 뿜어내네요/ 알 수 없는 사람의 향내/ 미지의 지구인에게 전염시키네요.
>
> —「사람의 향내」 전문

봄 햇살이 화사하게 쏟아지는 일상의 길거리에서 문득 사람의 향기를 맡는다. 그것은 인간 존재의 아름다움에 대한 찬미이며, 존재 가치에 대한 긍정적인 인식이다. 그러한 깨달음의 시선은 타자로부터 자기 자신에게로 옮겨지면서 자신의 존재 의의를 확인하게 된다. 한 떨기 꽃송이처럼 피어나는 나, 그 나로부터 뿜어 나오는 향기가 미지의 먼 세상에까지 스며들 것을 생각하며 희열에 잠긴다.

다음의 작품에 이르면 사람에 대한 애정이 격정적으로 솟구쳐 오름을 보게 된다.

> 이 세상 최초의 여자여/ 어느 날 문득 흔들리는 지하철 속에서/ 반짝이는 네 얼굴 바라보노라면/ 갑자기 나는 우주의 고아/ 목이 마르다 끝없이/ 끓어오르는 장밋빛 허기/ 두 손 뻗어/ 온통 들이켜고 싶다, 너의 생애를/ 한 잔의 코냑처럼 단숨에/ 네 물렁뼈까지 단숨에/ 너의 가냘픈 육신과/ 영혼이 으스러지고/ 마침내/ 몇 알갱이의 먼지로 허

공에 날릴 때까지/ 지글지글, 나는/ 쉰내나는 껍질 지하철 밖으로 벗어 던지고/ 둥둥 떠오른다, 나는/ 지상으로 너의 붉은 입술과 함께 솟아올라/ 무궁한 햇살이 내리꽂히는 무화과나무 아래/ 네 영혼을 눕히고/ 잎사귀 한 장 없이 가릴 곳도 없이/ 들끓는 하나가 되어/ 만세/ 벌거벗은 영혼이여, 만세!　　　—「사람 만세」

이 작품에서 찬양되고 있는 대상은 여성으로 설정되어 있다. 그러나 이는 능률적인 애정 표현을 하기 위한 장치로 이성을 등장시켰을 뿐이다. 시인의 찬양의 대상이 된 것은 때묻지 않은 '순수 인간'이다. 그 대상이 여성만이 아니라는 사실은 '사람 만세'라는 시제가 암시하고 있다. '최초의 여자'란 원시적 순수성을 잃지 않은 순진무구한 인간이 아니겠는가. 인간 본연의 순수성 회복에 대한 강렬한 희구를 노래한 작품이다.

천상적 고독의 갈증을 인간의 체온으로 풀고자 하는 것도 같다. 그러나 갈증을 풀어 줄 사람을 만나기가 쉽지 않음을 그는 아래와 같이 노래한다.

해가 뜨나 별이 뜨나/ 그리운 이는/ 떨리는 옷깃을 스쳐만 가네/ 이승에서 단 한 번도 만나보지 못하여/ 맨땅 위에 그대 얼굴 그릴 수 없고/ 내 가슴 흔드는 목소리 한 마디/ 녹음할 수 없고/ 바람 부는 산마루에 홀로 올라/ 목메어 이름 석 자 부를 수조차 없는/ 아아, 어제도 오늘도 그리운 이/ 강 건너 산을 넘어서/ 그대 지금 어디로 가나/ 등불 들고 어디쯤에서/ 숲 사이로 나에게로 걸어오고 있나/ 흰 말갈기 휘날리며/ 질풍노도를 타고 오나/ 사랑하고 다시 사랑하고/ 마지막 만남에서 절망할 때까지/ 시뻘건 목숨 다하여 한세상 내내/ 포옹할 사람/ 낮이나 밤이나 그리운 이는/ 어디선가 자꾸만 소문이 돌아/ 새벽녘에 먼길을 마중 나

가도/ 어제도 오늘도 보이지 않네.

—「그리운 사람」 전문

'그리운 사람'에 대한 소식은 묘연하기만 하다. 어느 산과 강을 넘어 지금 오고 있는지, 어느 숲을 헤치며 질풍노도처럼 백마를 타고 달려오고 있는지 알 수 없다. 그리운 이는 그가 꿈꾸는 지상의 이상적인 동반자, 지인(知人) 혹은 통치자일 수도 있으리라. 어서 그리운 이가 와야 할 터인데, 그럴 기미는 전혀 보이지 않는다. 그러니 시인이 꿈꾸는 지상의 낙원은 아직 요원한 것 같다.

마무리 말

나는 정성수 시인의 시적 편력을 천상적 시각으로부터 지상적 시각으로 이동하는 것으로 보았다. 그러나 이는 이 시집에 수록된 몇 개의 작품들만을 연결하여 이런 논리의 고리를 엮어 본 것이므로 실제와는 다를 수도 있을지 모른다. 말하자면 내가 추정한 역정과는 정반대의 방향으로 진행될 수도 있고, 아니면 천상과 지상을 향한 두 개의 욕망이 수시로 교차하면서 공존하고 있는 상태일 수도 있으리라.

아무튼 앞으로 정 시인의 시가 지상에 튼튼한 뿌리를 내려 인정이 넘치는 훈훈한 노래로 우리의 외로움을 달래줄 수 있기를 기대하며 그의 문운을 빈다.

정성수(丁成秀) 시선집_ 이 세상 최초 짧은시 기호시

초판 인쇄 | 2025년 5월 15일
초판 발행 | 2025년 5월 20일

지 은 이 | 정성수
발 행 인 | 김호운
주　　간 | 김민정
출판차장 | 정병화

펴낸곳 | 사단법인 한국문인협회 月刊文學 출판부
주소 | 서울시 양천구 목동서로 225 대한민국예술인센터 1017호
전화 | 02-744-8046~7
팩스 | 02-743-5174
이메일 | klwa95@hanmail.net
등록 | 2011년 3월 11일 제2011-000081호
ISBN 978-89-6138-550-3 03810

값 15,000원